Guide de survie
d'un entrepreneur
de la com'

Guide de survie d'un entrepreneur de la com'

Dans les coulisses
d'une agence de communication

Thierry Wellhoff

© 2024 Thierry Wellhoff
Édition : BoD · Books on Demand, 31 avenue Saint-Rémy, 57600 Forbach, bod@bod.fr
Impression : Libri Plureos GmbH, Friedensallee 273, 22763 Hamburg (Allemagne)
ISBN : 978-2-3225-1957-6
Dépôt légal : Décembre 2024

SOMMAIRE

Que d'la com !   Page 9

- DEMARRER –

1. Bien débuter	P. 23
2. On se retrousse les manches…	P. 25
… Et on tombe la cravate !	P. 28
3. Se méfier de ses *a priori*	P. 31
4. Sincérité	P. 37
5. Casser les codes	P. 41
6. Coup de poker	P. 45
7. Regarder la cérémonie des Césars	P. 49
8. Comprendre avant de surprendre	P. 55
9. Sortir des sentiers battus	P. 59
10. Sentir l'air du temps	P. 63

- ECHANGER –

11. Mettre ses amis à contribution — P. 71

12. Décontraction — P. 75

13. Ne pas transformer son agence en bureau de casting — P. 77

14. Ne pas oublier l'humour — P. 81

15. Oser se déjuger — P. 85

16. Savoir s'entourer — P. 89

17. Exercer sa mémoire — P. 93

18. Soutenir ses collaborateurs — P. 95

19. Festoyer — P. 97

- PROTEGER –

20. Savoir dire oui…
    Ou non.
    Ou « sous réserve » — P. 105

21. Se tenir à l'écart — P. 109

22. Se sortir de situations délicates — P. 111

23. Tant qu'on n'est pas mort,
    on est toujours vivant   P. 113

24. Se méfier quelque peu   P. 119

25. Gérer la rumeur   P. 123

26. Marcher dans les clous   P. 127

27. Se remettre de ses échecs   P. 129

28. Se mettre des limites   P. 131

- AUGMENTER –

29. Saisir la chance   P. 139

30. Aller loin, sans aller trop loin   P. 143

31. Mettre à profit les contingences   P. 147

32. Donner du sens   P. 151

Tout change, rien ne change   P. 157

Pour finir   P. 173

Que d'la com !

« *A ton avis quelles qualités faut-il pour monter sa boîte ?* » Après cette question d'un ami et un temps de réflexion, j'ai répondu que, pour l'essentiel, il convenait vraisemblablement d'avoir deux qualités : le sens de la survie et sans doute une certaine paranoïa.

Non que je sois devenu aigri - loin de là - mais si je n'avais pas, à différents moments de mon parcours d'entrepreneur, senti venir les multiples dangers qui se présentaient, anticipé et identifié rapidement les risques que pouvait engendrer telle ou telle décision, je crois que l'entreprise que j'avais créée n'aurait pas pu traverser les années aussi longtemps.

Une agence est-elle une entreprise comme une autre ? Oui, elle exige de porter en permanence un regard à 360° sur ses différentes parties prenantes et d'évaluer toute décision à l'aune de ses publics. Comme toute entreprise, elle demande à son manager de porter une vision, une mission et des valeurs. Elle doit porter une attention particulière à ses actifs principaux : ses collaborateurs et ses clients. Et, naturellement, elle a aussi besoin d'une gestion rigoureuse.

Une entreprise comme une autre ? Oui. Mais pas tout à fait. Ce qui distingue une agence de communication d'autres activités est d'agréger dans une même structure de multiples expertises bien différentes, une capacité de conseil stratégique, une forte dimension créative, le tout, associé à une indispensable rigueur d'exécution. Ce qui la caractérise également - et peut-être tout particulièrement - est de devoir saisir et s'adapter à des secteurs d'activité totalement différents, des entreprises aux cultures singulièrement distinctes et des personnalités tout aussi variées. Cela implique de rester aux aguets des impacts positifs mais aussi potentiellement négatifs qui peuvent se présenter.

« *C'est que d'la com !* »

Qui n'a jamais entendu cette expression ? Employée aussi bien pour un homme politique lorsque l'on met en doute la sincérité de ses propos que pour les grandes entreprises quand elles affirment un engagement dont on questionne la véracité. Cette formule, à elle seule, résume tout.

Avec « *Que d'la com !* », on dit combien l'on estime qu'une déclaration ou une communication n'est, tout compte fait, qu'un mélange de superficialité et de manipulation. L'une comme l'autre, de plus, polluant notre espace public.

Quel communicant ne s'est pas entendu dire au cours d'un dîner entre amis « *Ah ? T'es dans la com ?* ». Avec, au mieux, une suspicion de futilité, au pire un sourire teinté de condescendance.

J'ai déjà eu l'occasion de tenter de défendre la communication[1]. A mon sens, elle est en elle-même peu responsable d'une quelconque vertu ou d'une faute mais dépend bien davantage de celui qui l'emploie. A bon ou à mauvais escient.

Rédigé sous la forme d'un procès se déroulant au tribunal dont l'accusée est la communication elle-même, « *Le Procès de la communication* » est en réalité un plaidoyer. Il tente d'aider la prévenue à se défendre des trois chefs d'accusation du procureur : ses supposés actes de superficialité, de manipulation et de pollution. Son avocat développera sa défense et appellera de grands témoins des médias, de l'entreprise et de la culture à la barre. Le lecteur est laissé juge.

Ma conviction est à l'opposé de ce que le sens commun accorde à la communication. Il faut des compétences aussi larges que profondes pour conseiller l'image et la réputation d'une entreprise ou d'une institution.

Pour être un (bon) communicant, il faut des connaissances, une expérience et donc une expertise qui équivalente à celle demandée à des professions bien plus reconnues comme celles d'expert-comptable, ou d'avocat. Mais, sans

---

[1] *« Le Procès de la communication » Les Belles Lettres - 2018*

doute aucun, c'est le métier qui présente le plus grand écart entre la compétence requise et la compétence reconnue.

J'exagère ? Peut-être. Mais pas tant que cela. Pour pouvoir prétendre à exercer ce métier avec efficience, il convient, sans se prendre au sérieux, de disposer de multiples atouts.

Jugez plutôt :

une bonne culture générale, un minimum de culture économique, une solide connaissance des entreprises et de leurs enjeux (au niveau corporate comme au niveau marketing), une bonne culture des médias, être inventif et avoir des idées créatives (ce n'est pas la même chose), savoir écrire correctement (avec ou sans IA générative) et sans faute (cela devient rare, les correcteurs orthographiques ne font pas tout), avoir des connaissances minimales en production sonore et audio-visuelle, en édition, en médiaplanning, savoir diriger des équipes internes mais aussi externes, savoir aussi tenir un budget, savoir également gérer la relation avec un client, faire face à un comité exécutif.

Cela ne vous a pas persuadé ? J'ai oublié : parler et écrire couramment l'anglais (et si possible une autre langue), savoir animer une réunion, savoir écouter, être humble devant l'échec ou devant une meilleure idée que la sienne et enfin, bien évidemment, savoir convaincre.

Bref, le communicant doit être souvent aussi pertinent qu'un grand stratège, aussi habile qu'un politique, aussi créatif qu'un artiste. Il pourrait presque prétendre à un statut de faiseur de miracles... Qu'il n'est pas. Bien évidemment. Mais il serait temps que ce métier soit reconnu à sa juste valeur. Ce d'autant que la plupart des communicants actuels réunissent, à différents degrés certes, les qualités citées.

La (bonne) communication est à l'opposé de la superficialité, c'est même le contraire. Pour être agissante, la communication doit s'appuyer sur les fondamentaux du projet ou de la marque et ses valeurs pour les mettre en connexion avec les aspirations et les valeurs de ses publics. C'est un travail qui se fait d'abord en profondeur. C'est à dire sur les notions de mission ou de raison d'être et d'agir, de valeurs et de sens. J'ai également eu l'occasion de les développer dans deux autres livres[2].

La (bonne) communication n'est pas de la manipulation. C'est de l'influence. Car la manipulation agit sur votre jugement et votre décision en avançant masquée. C'est-à-dire en étant souvent à couvert (en faisant intervenir des tiers) et en dissimulant le but véritable recherché.

---

[2] *« Les Valeurs : donner du sens, guider la communication et construire la réputation » Ed. Eyrolles 2009 et 2011,*
« L'entreprise en 80 valeurs » avec JF Claude, Ed. Pearson 2011.

But généralement néfaste à la personne manipulée, et qui ne sert que celui qui manipule. Contrairement, l'influence se fait à découvert (vous savez qui cherche à influer sur vos opinions ou vos actions) et il n'y pas d'autre but que celui affiché. Elle ne cherche pas à nuire. Mieux, l'influence est utile. A moins d'être omniscient, elle nous est même indispensable pour pouvoir évoluer, grandir, nous élever et nous épanouir.

Je prends souvent l'exemple suivant : deux amis veulent aller au restaurant. Le premier veut faire découvrir à l'autre un restaurant japonais qu'il vient de découvrir et qu'il trouve le meilleur de la ville. Le second, lui, a décidé de faire découvrir au premier un restaurant italien qui propose les meilleures pates aux truffes qu'il n'a jamais mangées. Les deux discutent, argumentent, développent… Et finissent par décider. Lequel a gagné ? Eh bien, c'est celui qui découvre, grâce à l'autre, un nouveau restaurant. Il s'est laissé influencé et peut profiter du plaisir de la découverte d'un nouveau lieu. L'influence grandit.

La (bonne) communication n'est ni polluante, ni intrusive. Il s'agit pour qu''il en soit ainsi de trouver le juste équilibre. Ce qui, reconnaissons-le ici honnêtement, n'est pas toujours le cas. Comme nous l'enseignait Aristote : « La vertu est une ligne de crête entre deux abîmes ». Ligne de crête qu'il faut donc trouver entre le risque de ne pas suffisamment communiquer et celui de lasser et de trop envahir l'espace public.

La communication est indispensable. Elle a démontré son utilité depuis l'Antiquité. Dans l'histoire des peuples (que seraient les causes défendues par Gandhi, Luther King, de Gaulle ou Mandela sans communication ?), celle des sciences (les scientifiques qui font une découverte ne font-ils pas une communication ?), dans l'économie et dans les relations internationales.

Et, bien évidemment, que serait notre relation avec nos environnements professionnel, familial et affectif sans une bonne communication inter personnelle ?

De fait, la communication est un métier aussi riche que passionnant. Dans lequel, si l'on veut avancer, il faut très régulièrement prendre des risques. « Sans risque de perdre, il n'y a pas de chance de gagner ». Cela est vrai pour les agences mais surtout pour les clients des agences qui doivent le comprendre. Ce n'est pas toujours le cas.

Un métier où l'on apprend tous les jours. Avec ses collaborateurs et leurs multiples expertises, avec ses prestataires créatifs et techniques aussi, mais très souvent auprès de ses clients.

Il y a néanmoins trois catégories de clients.

Il y a ceux qui ne connaissent pas grand-chose voire pratiquement rien à la communication, ceux qui connaissent parfaitement la communication, voire aussi bien, ou presque, que leur(s) agence(s) et enfin, entre les deux, tous ceux qui s'y connaissent un peu ou à peu près, sans réellement en expérimenter la complexité.

Les clients des deux premiers types sont les clients idéaux. Les premiers parce que n'y connaissant rien ou presque, laissent travailler leur agence et jugent aux résultats. Les seconds parce que s'y connaissant pratiquement aussi bien que leur agence, savent combien l'art est difficile et interviennent essentiellement pour apporter, en plus d'une légitime exigence, leur support constructif et leur encouragement.

Les clients entre les deux, hélas majoritaires, sont les plus difficiles. Ils croient maîtriser le sujet alors qu'ils n'en connaissent en général qu'un ou deux aspects et assomment leurs agences de multiples questions, de ROI (retour sur investissement) et de KPI (indicateurs d'efficacité) qui, s'ils sont aussi nécessaires qu'utiles, ne servent en définitive (et bien trop souvent) qu'à les rassurer eux-mêmes.

Dans la relation commerciale, le moment clé est celui de la présentation d'une « recommandation » (ou « reco ») au prospect que l'on espère devenir client, est intéressant à plusieurs titres. C'est pratiquement toujours un moment extrêmement intense.

Il est l'aboutissement d'un long travail d'analyse, de réflexion, de choix stratégiques, de création, de finalisation et planification de projet. Mais il ne fait l'objet d'une présentation que d'environ deux heures (parfois moins) qui s'apparente par ailleurs à la représentation d'une pièce de théâtre. C'est un travail d'équipe.

Car cette séance va être rythmée de plusieurs actes au cours desquels il faudra ménager des effets, des temps de pause, d'accélération et de révélation. Elle devra faire l'objet quasiment systématiquement d'une répétition générale. Cette présentation de projet se fait habituellement chez le client devant un nombre de participants très variable et qui conduit à ajuster le nombre de collaborateurs de l'agence amenés à s'y déplacer. Il faut être suffisamment nombreux pour montrer son implication, mais pas trop non plus afin de ne pas donner l'impression que l'on a trop de temps libre et que l'on manque de clients.

L'essentiel se joue en très peu de temps. Le moment est intense. Il sera déterminant pour savoir si l'investissement que l'on y aura mis en amont sera porteur d'un succès ou d'un revers. Car en cas d'échec, même si l'on tâchera d'en tirer quelques enseignements, il sera toujours douloureux. Pour espérer gagner, il faut souvent y mettre beaucoup. En tout cas beaucoup plus qu'un investissement purement professionnel. Sans cet investissement, inutile d'espérer gagner.

Il convient de réaliser toutes les étapes de réflexion avec un mental de gagneur, faire acte d'inventivité et de beaucoup de créativité, mais il faut également établir une relation le plus possible connivente avec le client. Cela suppose une grande capacité d'empathie et d'adaptation. Car l'expérience le prouve, les grands succès s'acquièrent à deux. Un client et son agence.

Quelles méthodes employer ? Tel client sera plus sensible à la qualité d'analyse, tel autre à la stratégie, tel autre aux créations, tel autre encore à la qualité et aux compétences de l'équipe et son organisation. Tel client tâchera d'adopter une démarche des plus rationnelles en attribuant des notes et des coefficients à chacun des items par lui définis. Tel autre fonctionnera essentiellement par intuition.

Tel client se dira vouloir sortir des sentiers battus et choisira la stratégie la plus sage et la plus conforme aux codes de son environnement, tel autre ayant demandé de la modération, choisira la stratégie la plus d'avant-garde.

Une seule certitude : au-delà des capacités d'adaptation, cet exercice demande donc beaucoup, beaucoup... beaucoup d'intuition.

Ces présentations n'excluent donc pas des revirements en cours de route. Elles constituent, à chaque fois, une petite aventure collective porteuse d'enjeux, de risques, de craintes, mais aussi et surtout d'enthousiasme et de plaisir. Et ces présentations peuvent également ponctuer tout le cours de la relation.

Dans ce livre, j'ai souhaité faire passer le lecteur derrière le rideau, partager et faire connaître une partie de la vie d'une agence pour mieux la faire comprendre. J'ai voulu brosser mon expérience de directeur d'agence de communication à travers un florilège de moments vécus, d'anecdotes choisies. Montrer ce que sont les instants clés de la relation client comme justement la présentation de la recommandation mais aussi d'autres moments survenant, en amont ou en aval, dans le courant de la relation.

Il est fort possible que beaucoup de mes confrères en ont autant si ce n'est bien plus à raconter. Mais ils s'y reconnaîtront sûrement.

Il faut toutefois souligner que notre mémoire a une limite, plutôt bienfaisante d'ailleurs : on retient essentiellement les bons moments. C'est-à-dire les succès.

Cela, alors qu'en réalité, inéluctablement, une agence connaît davantage d'échecs que de réussites. Les meilleures d'entre elles gagnent un client sur deux ou sur trois. Ce sont donc un ou deux revers pour une victoire. Heureusement donc, nos souvenirs font l'objet d'un tri qui nous conduit à une forme de sérénité.

Le voyage que je vous propose ici, vous l'aurez déjà compris, est vu avec un filtre quelque peu positif. Il n'en sera que plus agréable.

- DEMARRER -

1. Bien débuter

Une relation avec un client se construit sur un fondement essentiel : la confiance.

Celle-ci bien évidemment ne se donne pas de façon spontanée, mais se construit peu à peu. Cela peut se faire assez rapidement. Cela peut aussi prendre de longs mois, si ce n'est davantage. Le premier contact est fondamental, déterminant. Il faut de prime abord faire bonne impression et rapidement inspirer confiance.

Comment faire ? Considérant que les communicants sont bien loin de jouir d'une bonne réputation et sont même souvent précédés d'une image d'arrogance ou de fierté de soi et que, par ailleurs, la communication est un exercice souvent jugé un peu trop « intello » voire « confus », j'opte pour une posture qui vise surtout à plus de clarté et de simplicité.

Pour présenter l'agence, en lieu et place de grands discours sur une approche stratégique supposée différenciante, je commence toujours par présenter mon agence par une anecdote qui peut d'ailleurs rappeler à mes clients un épisode qu'ils avaient eux-mêmes vécu. Nous faisons ainsi déjà partie du même monde.

Créée en mai 1981, la création de l'agence avait été publiée dans les journaux officiels le lendemain même de l'élection de François Mitterrand et de l'arrivée en France de la gauche au pouvoir. Quelques journalistes s'étaient même intéressés à ceux qui avaient eu la fâcheuse idée de monter leur boîte alors que « les chars russes arriveraient sans tarder aux portes de Paris ». Oui, c'était ce qu'on lisait dans les journaux de l'époque et ce qui se propageait, comme disait alors Coluche, dans « les milieux autorisés » indiquant ainsi qu'ils s'autorisaient eux-mêmes. J'ai néanmoins refusé les interviews, car, je dois bien le reconnaître, je n'avais pas à ce moment de stratégie bien claire de ce que j'allais entreprendre pour développer mon agence.

Le récit de cette anecdote avait l'avantage d'établir immédiatement un pont avec mes interlocuteurs sur la base d'une période communément vécue et de penser, par la même occasion, que j'étais loin de me prendre au sérieux.

Il s'agit donc, avant tout, de faire simple, concret et, si possible, imagé. Un peu d'humour n'est pas non plus malvenu.

On n'a pas deux fois l'occasion de faire une première bonne impression.

2. On se retrousse les manches...

Tous les communicants le savent et, on l'a dit précédemment : pour gagner un client, il est indispensable de lui inspirer confiance. Une confiance qui est le fruit d'autant de raisons objectives que d'un ensemble de signes subjectifs. Et ces signes doivent conduire l'interlocuteur à ressentir que l'on fait partie du même monde que lui. Que ce monde soit social, professionnel, culturel ou même émotionnel et, si possible les quatre à la fois.

Le communicant qui veut voir son travail couronné de succès, doit également emprunter un chemin d'approche et de conviction à partir d'un vocabulaire, d'une rhétorique, d'attitudes et de comportements qui enverront des signaux aussi rassurants que motivants pour son interlocuteur. Mais rentrons dans le vif du sujet avec un expérience vécue.

L'appel d'offres est pour le compte d'un label de qualité des professionnels du bâtiment. Il s'agit de prendre en charge la communication globale tant auprès des entreprises du bâtiment pour les inciter à souscrire à ce label, qu'auprès des donneurs d'ordres professionnels et particuliers. Ces derniers agissant dès lors, car il en va de leur intérêt, comme prescripteurs du label. L'enjeu est donc de développer sa visibilité et de le faire reconnaître des professionnels comme des particuliers. Nous élaborons, en réponse à cette consultation, une stratégie ambitieuse tournée essentiellement vers les donneurs d'ordres avec des concepts créatifs dont nous étions assez fiers. Je m'habillais alors encore « costume cravate ». Pour la dernière présentation qui retenait deux agences en finale, j'arrive accompagné de deux collaborateurs.

Dans la salle aux plafonds lambrissés de cet immeuble parisien de l'avenue d'Iéna, réservée pour cette présentation, alors que nous pensons nous trouver en présence d'un comité de sélection assez restreint, nous nous trouvons face à une quinzaine de patrons d'entreprises du bâtiment. Quinze patrons de PME, en chemise, col ouvert, dont le physique faisait davantage penser à une équipe de rugby du sud-ouest qu'à des dirigeants d'entreprises.

Les premières secondes sont essentielles pour accrocher ou rebuter son auditoire. Inutile de dire qu'avec mon costume cravate et mes cheveux bien coiffés, ils pensent sûrement se retrouver devant un gosse des beaux quartiers qui, doivent-ils le croire, est sans doute assez éloigné de leurs préoccupations… Je me dis que si je me lance dans la présentation sans essayer un contact plus direct et plus humain, je vais droit vers un magistral fiasco.

Après avoir salué, je ne dis plus un mot. Je me relève de ma chaise et, prenant tout mon temps, je « tombe la veste ». Je commence alors à me retrousser les manches, le tout dans un silence complet.

Avant de me rasseoir, je lance :

- « *Veuillez m'excuser, mais quand je suis au boulot, j'aime bien me mettre à l'aise* ».

L'assemblée se met à rigoler… J'ai gagné mon entrée en matière.

Le client est dans la manche.

… Et on tombe la cravate !

Ce n'est pas tous les jours que l'on réussit à être intégré dans l'appel d'offres d'une banque. Particulièrement si celle-ci est positionnée de façon plutôt élitiste et s'est spécialisée dans la gestion de fortune. Surtout pour prendre en charge sa communication globale. De son positionnement à son identité visuelle, de ses campagnes publicitaires jusqu'aux relations publics[3], jusqu'à même l'architecture extérieure de ses agences bancaires… La banque souhaite totalement rénover son image.

L'appel d'offres est de taille. L'enjeu pour l'agence est important. Nous avons la chance d'arriver en finale. Mais dans ce métier ultra compétitif, jalonné d'appels d'offres et de consultations, il n'y a jamais de place de numéro deux. On gagne… Ou on perd tout. « *The winner takes it all!* ».

Nous sommes à un moment charnière où le business est bousculé par ce que l'on a appelé la

---

[3] *Il n'y a pas de faute d'orthographe à « Relations publics », expression mal traduite de l'anglais Public relations qui signifie Relations avec les publics et non pas Relations en public, ce que laissait entendre l'ancienne expression « Relations publiques » désormais désuète (le Syndicat du Conseil en Relations Publics, sous l'impulsion de votre serviteur, a changé son orthographe en 2010 et la presse professionnelle a fait de même).*

nouvelle économie, avec son lot de start-ups, qui change les usages et le style vestimentaire. Notre agence, assez à l'avant-garde de l'internet, est d'ailleurs déjà reconnue dans cet univers et est régulièrement sollicitée par les entrepreneurs de start-up.

Nous avons donc l'habitude, pour permettre à nos clients de se reconnaître en notre agence, de ne pas « détonner » par le port de cravate et d'adopter plutôt, pour les hommes il s'entend, un look « jean et chemise blanche » devenu ensuite l'uniforme de référence de la plupart des communicants.

Je reconnais que porter la cravate ne m'a jamais vraiment enchanté, mais bon… Il faut néanmoins respecter les codes si l'on veut se faire accepter et même plébisciter par les clients que l'on souhaite conquérir.

Pour nous présenter devant le conseil d'administration de cette banque plutôt huppée et dont les bureaux jouxtent le triangle d'or, dans cette salle de réunion feutrée où chaque membre de ce conseil sera assurément en costume trois pièces, agrémenté vraisemblablement, pour les plus hauts gradés, de fines rayures blanches, il n'y a pas à hésiter : costume et cravate de rigueur.

Le matin de la présentation, chez moi devant mon dressing, je dois beaucoup, beaucoup atermoyer. Je suis perplexe, j'hésite. Dois-je, comme je le fais toujours, me conformer aux codes ? Dois-je me mettre plutôt à la fois en conformité avec mon identité profonde ou avec le moment et avec mes goûts personnels ?

Non il n'y a pas à hésiter !

Costume cravate on a dit. L'enjeu est trop important.

Au dernier moment, avant de passer la porte de mon domicile, je retire la cravate, un peu effrayé de ma propre témérité. Et je me fais une promesse : « *si je gagne ce client sans cravate, je n'aurai plus jamais à en porter !* »

Je n'ai plus jamais porté de cravate.

3. Se méfier de ses *a priori*

Un appel assurément étrange.

Une entreprise industrielle cherche sa nouvelle agence bien qu'elle dise regretter son ancienne agence. Il faut dire que cette dernière, si elle savait donner satisfaction à ses clients, vient de déposer le bilan. Son dirigeant a même, de ce fait, décidé de quitter le métier.

Cette société industrielle de taille moyenne, néanmoins présente à l'international, fabrique et commercialise des pompes destinées à l'industrie. Pompes utilisées dans des secteurs d'activité aussi divers que le pétrole, le médical ou l'alimentaire. Oui, les pompes qui servent à transporter le pétrole sont quasiment les mêmes que celles qui charrient votre sirop pour la toux ou votre yaourt vers leurs contenants ou emballages respectifs. L'entreprise souhaite naturellement se différencier sur ce marché relativement compétitif.

Mais rien ne ressemble plus à une pompe qu'une autre pompe. Pour se différencier, les industriels ne font cependant guère plus que de montrer leurs pompes et d'afficher fièrement leur logo. Ce qu'ils jugent alors tout à fait suffisant,

Très affecté par la perte de la collaboration avec son agence et contrarié par sa déroute financière, le dirigeant de cette entreprise, dont le style était tout à fait classique et l'habillement tout autant statutaire, avait décidé de choisir son agence avant tout sur la base de ses références et de ses trois derniers bilans.

Nous nous y prêtons bien volontiers, allant même bien plus loin pour prouver notre bonne volonté et notre motivation. Nous communiquons également les contacts et références de nos banques, de notre cabinet d'expertise comptable et de notre commissaire aux comptes.

Voulant marquer des points, bien que rien d'autre n'était demandé, nous arrivons avec une analyse de leur secteur d'activité, du positionnement de leurs principaux compétiteurs et une recommandation de positionnement. Celle-ci bien qu'assez sommaire, se révèle suffisante pour prendre l'avantage.

Certes, il y a plus glamour qu'une pompe industrielle. A contrario, j'ai toujours été convaincu qu'il était plus attirant, plutôt que s'intéresser à la mode, de travailler pour des domaines où justement la communication peut avoir une tangible et manifeste valeur ajoutée.

Lors de la présentation de ses recommandations, ne connaissant généralement jamais suffisamment son client, une agence a tendance à présenter plusieurs pistes créatives. Une piste assez « sage » et, à l'opposé, une piste destinée à bousculer davantage les codes établis, en général plus risquée mais aussi porteuse de plus d'espoir. La piste médiane est un entre-deux qui permet de se démarquer mais sans bouleverser les codes. Ce sont donc trois stratégies créatives qui sont le plus souvent présentées au client.

Pour remercier ce nouveau client, remporté d'une façon rapide et peu conventionnelle, mais aussi pour élargir son horizon dans ce secteur quelque peu conformiste, nous décidons d'en faire, encore une fois, plus qu'à l'accoutumée. Nous présentons alors cinq axes créatifs bien différents les uns des autres et qui, tous, induisaient des positionnements très singuliers.

Cet exercice ne se soustrait néanmoins pas à la règle. La première piste étant la plus « sage », sans doute la plus convenue. A l'opposé, la quatrième quelque peu « décoiffante », nous misons sur le fait que ce sera sans doute celle qui sera retenue. Une cinquième piste va bien plus loin et a surtout vocation à montrer les qualités créatives de l'agence. C'est-à-dire qu'elle va au-delà de ce que nous pouvons envisager réellement comme acceptable dans cet univers très technique et industriel. Surtout pour un client assez traditionnel dont la préoccupation première nous semble être la solidité de son agence et la pérennité de la collaboration.

Cette piste créative part d'un constat : une pompe de qualité a vocation à rendre les process de production plus faciles, davantage fluides. Car que serait effectivement un monde industriel sans fluides ? Ce fut le point de départ de cette piste créative, mais aussi son point d'arrivée. « *Que serait un monde sans fluide ?* ». Ce sera à la fois le concept et l'accroche de la campagne proposée.

Comment naît une idée résolument créative ? Quelles sources, quelles méthodes ? C'est en général essentiellement intuitif, une idée insolite qui surgit dans le cerveau d'un créatif. Une clé : se poser la question « *Et si ... ?* » ou « *Pourquoi pas ... ?* » et puis enchaîner les idées dans une approche ouverte de tous les possibles. Une première idée en entraînant une autre. S'inspirer également d'univers extérieurs.

Il n'y a pas de recette absolue. Les idées les plus percutantes constituent même parfois pour leur créateur une surprise. Elles sont souvent nées en plein milieu de la nuit ou lors d'une promenade en forêt.

Les créations présentent des usines rouillées plantées dans le désert, des automobilistes tentant de faire le plein avec des cubes, etc. Il s'agit de montrer qu'un monde sans fluides, loin d'être possible, est aussi loin d'être enviable.

Cet axe étant donc surtout destiné à montrer les capacités créatives de l'agence qui saura accompagner l'entreprise dans la durée.

Le client, que nous percevons - à tort il faut le reconnaître - quelque peu conventionnel, choisit, à notre grande surprise, mais sans hésitation aucune, ce positionnement franchement novateur.

Cela nous amène à une refonte de l'ensemble de sa communication. Il conduit même à ce que la plupart de ses concurrents revisitent leurs communications. Certains supports professionnels, estimant par ailleurs que cette campagne valorise leur journal, offre même ce que l'on appelle dans le jargon publicitaire des « repasses gratuites ». Bien-sûr, à la plus grande satisfaction de notre client.

Ne jamais préjuger trop vite de qui que ce soit.

4. Sincérité

C'est le Directeur de la communication qui fait la sélection des six agences qui auront pour mission de répondre à l'appel d'offres lancé par son entreprise. Créée par un self-made man parti quasiment de zéro, elle connaît un très grand succès et détient plusieurs grandes marques et enseignes de distribution d'habillement. Elle compte plus de trois mille points de vente répartis sur plusieurs pays. L'objet de la compétition d'agences est de prendre en charge sa communication corporate, c'est à dire tous les sujets de nature institutionnelle, sujet sur lequel l'entreprise reste encore relativement discrète.

Le processus, mené de façon assez classique, conduit à retenir en finale deux agences dont nous faisons partie. Inutile de dire qu'après avoir mené le parcours du combattant à définir une stratégie singulière pleinement adaptée à l'entreprise, nous sommes chauffés à blanc. Très motivés pour remporter cet appel d'offres.

Afin de départager les deux agences finalistes, il est convenu que le choix final revienne au Président. Rendez-vous est donc pris à l'agence, le Président voulant évaluer concrètement à qui son entreprise aurait affaire pour à la fois développer et défendre sa réputation.

Nous avons préparé une version synthétique de nos recommandations et du plan d'actions. J'ai réuni une équipe de choc - Directrice conseil et Consultant senior, accompagnée de deux autres consultants – pour l'accueillir.

Le Président arrive en nos locaux un début d'après-midi.

Accompagné de son Dircom, il prend place dans la salle de réunion, me rend tout juste un bonjour du bout des lèvres. Il me regarde, visage fermé, l'air un peu mauvais. Pour vous rendre compte, imaginez Jean Gabin dans ses très mauvais jours…

Je me dis que cela ne va pas être facile. Même pas facile du tout. Un coup d'œil à mes collaborateurs me montre qu'ils semblent du même avis.

Je me lance :

- « *Nous vous avons préparé une synthèse de nos recommandations que je me propose de revoir avec vous* ».

Il me regarde, silencieux. Avec une moue quelque peu désabusée, il me répond plutôt assez sèchement :

- « *Non, ce n'est pas la peine* ».

Cela confirme mon impression première. Je sors les rames et j'enchaîne :

- « *Souhaitez-vous que je vous présente l'agence ?* ».

Même registre :

- « *Non, pas besoin, mais si vous le souhaitez… Pourquoi pas…* ».

Ouh la ! Je m'apprête à présenter l'agence. Puis finalement je m'arrête de parler et nous nous regardons, les yeux dans les yeux. Cela ne fait pas cinq minutes qu'il est arrivé à l'agence.

Un ange passe…

Il finit par me lancer :

- « *Pourquoi faites-vous tout ça ? Pourquoi votre agence ? Pourquoi ces murs blancs, ce plafond blanc ? Et puis … Pourquoi avez-vous créé une agence ?* ».

Je soulève les sourcils, prends mon temps et lui réplique, toujours face à face :

- "*Vous voulez savoir ? Vous voulez la vérité ?* ».

- « *Bien-sûr !* » me rétorque-t-il, ne lâchant toujours pas mon regard.

Je décide sur le champ de jouer une réponse franche et directe, me disant que ce Président n'est certainement pas le genre de personnalité à aimer les boniments.

Ma réplique est immédiate :

- « *La réponse est simple : je crois bien que j'ai sans doute un peu plus peur que les autres* ».

Je dois de le reconnaître, à l'origine, j'ai effectivement monté mon agence davantage par peur des systèmes établis, dans lesquels je ne me reconnaissais pas. Je me suis lancé plus pour me créer une indépendance et me garantir une forme de sécurité que pour défendre quelque vérité stratégique ou même une vision qui aurait d'emblée positionné mon agence sur le marché.

Le Président me regarde. Il ne dit rien. Mais je sens dans ses yeux une lueur d'intérêt. Je pense qu'il ne s'attendait pas à une réponse aussi cash. Une réponse qui faisait peut-être écho à sa propre expérience d'entrepreneur. Puis il se lève, me tend la main et me lance :

- « *Je pense que l'on va se revoir* ».

À la suite de cette entrevue (nous ne pouvons assurément pas l'appeler réunion), le Dircom nous annonce que nous sommes choisis. Le Président est devenu un client non seulement important, mais aussi fidèle de l'agence, allant même jusqu'à nous recommander régulièrement à ses relations industrielles.

La sincérité paie.

5. Casser les codes

Cela remonte aux années quatre-vingt. La plus grande marque française de bières nous consulte pour rajeunir son image qu'elle estime un peu trop vieillissante. Il s'agit donc de raviver la perception de la marque, de toucher un public plus jeune mais aussi des catégories de population plus aisées. Seulement, la législation sur les alcools limite grandement le cadre et les possibilités d'action. Il faut être innovant, sortir des sentiers battus.

Une idée, une seule. Mais elle sera gagnante.

Les planches à voile font tout juste leur apparition et les plages de l'année précédente commençaient à peine à offrir ce spectacle de voiles semblant flotter et se croiser de la Manche jusqu'à la Méditerranée. Notre idée est simple et forte : associer la marque à ce sport naissant, mais qui déjà enthousiasmait le grand public.

Nous ambitionnons d'aller au-delà que de proposer de créer des voiles publicitaires en accompagnant concrètement la création de clubs de planches à voile un peu partout sur le littoral.

Ce faisant, de créer un sportswear complet, un peu à la manière de ce que Marlboro faisait déjà et de mettre en œuvre un ensemble d'actions de relations publics[4] appropriées. Nous obtiendrons notamment la sponsorisation de la Fédération Française de Voile pour renforcer la légitimité de la marque dans ce sport.

Encore fallait-il amener le client à cette idée qui pouvait être jugée pour le moins iconoclaste pour des brasseurs. Nous avons choisi une méthode qui va à l'encontre des usages les plus courants. C'est-à-dire des présentations qui commencent très conventionnellement par aborder le contexte, l'environnement de marché, l'environnement sociétal et médiatique et qui amène le client, un peu comme dans un entonnoir, vers une évidence.

À peine les deux cadres dirigeants installés en salle de réunion, nous leur demandons de patienter deux minutes devant le traditionnel café et revenons en salle de réunion, devant leurs yeux écarquillés, la planche à voile sous le bras. Nous ne leur avons dit qu'une phrase pour commencer : « Voilà l'idée. Maintenant nous allons vous l'expliquer ».

Nous avons remporté la compétition et mis en œuvre cette idée. Elle s'est déployée sur plusieurs années et a même rapidement fait des émules auprès de beaucoup d'autres marques, mais qui

---

[4]*Il n'y a pas de faute d'orthographe à « Relations publics », (voir page 26)*

se sont le plus souvent limitées simplement à éditer des voiles publicitaires.

Après avoir gagné ce client, l'un des dirigeants nous avoue que lorsqu'ils nous ont vu arriver en salle de réunion avec la planche sous le bras, ils se sont dit : « *soit ce sont des rigolos, soit ils ont vraiment un truc fort à nous proposer* ».

Ne jamais hésiter à hisser la grand-voile.

6. Coup de poker

C'est une grosse entreprise internationale de logistique. Elle nous missionne pour accompagner son changement d'actionnaire majoritaire. Ce qui se traduit surtout par l'abandon de sa marque trop identifiée à une multinationale devenue son ancienne maison mère. Le nom nous est imposé et, pour le début de la collaboration, notre travail se limite à la création de l'identité visuelle.

On le sait, le choix d'un logo est éminemment émotionnel. On peut certes pré rationaliser et/ou post rationaliser, mais l'essentiel n'est pas là. Quoi qu'il advienne, le client aime… Ou n'aime pas. Souvent, trop souvent même, la famille du Président est appelée à donner son avis.

Cette fois-ci c'est différent, ce sera le conseil d'administration, soit une vingtaine de cadres supérieurs réunis au grand complet, qui sera appelée à se prononcer.

La pression est forte.

J'ai la chance d'avoir dans mon équipe un Directeur artistique de grand talent, très doué pour ce genre d'exercice relatif à l'identité corporate. Avec les années, j'ai appris à le briefer comme il se doit. A savoir, juste quelques mots pour exprimer le type d'entreprise, les valeurs que j'en perçois. Il ne faut surtout pas lui en dire davantage car cela inhibe sa créativité et le conduit à faire du travail certes professionnel, mais sans l'étincelle qui peut faire la différence.

Comme à l'accoutumée, je ne lui en dis que le minimum… Et le miracle surgit… Je suis scotché. Mon Directeur artistique fonctionne à l'intuition et celle-ci a fonctionné à plein régime. Il a su traduire en image toute l'ambition et l'agressivité commerciale de l'entreprise que le lui ai transmis. Le logo : un mélange de crinière de lion, de mouvement, de vitesse suggérée. L'environnement visuel très coloré et dense.

Sa première piste tape en plein dans le mille, j'en ai l'intime conviction. Une évidence tellement puissante que je l'arrête et décide, malgré ses protestations pour approfondir l'étude graphique, de ne présenter que cette piste créative.

Il faut dire que c'est assez risqué. D'autant que, si ce client est satisfait de ce premier travail, il nous confiera à la suite, toute sa communication. Mais je le sais néanmoins, lorsque mon intime conviction est profonde, j'ai une grande confiance en moi et celle-ci est le plus souvent communicative.

Le jour fatidique arrive. Nous entrons dans la salle du conseil d'administration où, malgré l'accueil et la présentation chaleureuse de notre client, nous voyons vingt paires d'yeux nous regarder avec attention et nous dévisager. Les administrateurs attendent avec un air pour le moins circonspect les travaux que nous allons bien pouvoir leur présenter.

Nous sentons à nos premiers échanges à la fois leur intérêt, mais aussi leur détermination à exprimer leur avis sans détour. Nous savons aussi que leur décision doit être prise rapidement et, qu'en cas d'insatisfaction sur nos créations, ils ne pourraient pas se réunir avant plusieurs semaines.

Nous n'avons qu'une seule piste à leur présenter et je crois que de ma vie professionnelle je n'ai jamais pris de risque aussi gros sur une création.

Je décide de jouer le jeu à fond en faisant monter moi-même la pression. Je pose la maquette à plat devant moi retournée face contre la table de réunion et raconte sa genèse. Certes en enjolivant quelque peu comme en racontant les multiples pistes que nous avions générées et arrive à ma conclusion qu'une seule piste nous a semblé tellement évidente que j'ai décidé de leur faire économiser leur temps et de ne leur présenter qu'une seule création, chose que je n'avais encore jamais faite. Et je fais durer jusqu'au moment où on me demande de la montrer.

Je prends mon temps. Je retourne d'abord vers moi-même la création et je la regarde, un sourire aux lèvres pour exprimer ma confiance en moi.

Enfin, je la retourne. En « serrant un peu les fesses », je dois reconnaître.

Pendant plusieurs secondes, le conseil d'administration ne dit pas un mot. Et…. A l'initiative d'un des participants, chacun se met à applaudir.

C'est gagné ! J'en ai été à la fois largement heureux mais aussi, je dois tout de même l'avouer, rassuré.

A ne rien risquer, on ne gagne jamais.

7. Regarder la cérémonie des Césars

Un grand laboratoire pharmaceutique allemand, dont j'avais rencontré le service communication quelques mois auparavant, nous contacte pour l'organisation d'un événement de prestige devant réunir un peu plus de trois cents invités. Compte tenu de la taille encore modeste de l'agence, cela me paraît tellement improbable que lorsque l'un de ses dirigeants, dont l'accent allemand plus que prononcé me contacte, je crois de prime abord au canular d'un copain. Je manque même d'éclater de rire.

Avec ce client, très actif dans la santé humaine, mais aussi dans la santé animale, l'histoire commence donc par l'organisation d'une manifestation éminemment stratégique. Il s'agit d'inviter, alors qu'ils se réunissent à Paris, les représentants des différents ministères concernés d'une centaine de pays. L'enjeu est donc mondial. Mon interlocuteur qui dirige en France les activités dédiées à la santé animale est un Allemand au français plutôt approximatif qui semble rassuré de livrer cet événement à une agence qui lui inspire confiance. Nous gagnons le client, à vrai dire, un peu, si ce n'est beaucoup, sur notre « bonne mine ».

Les aspects logistiques et économiques principaux ayant été réglés, un élément, pourtant essentiel, n'a pas encore été décidé : l'animation. Point évidemment primordial, car le public international rend le choix du type d'animation peu évident. Cela peut paraître aujourd'hui plus que surprenant que ce point n'ait pas été déterminant dans le choix de l'agence.

J'ai à ce moment, il convient de le reconnaître, une expérience plus que limitée, c'est un euphémisme, en événementiel, cela pour ne pas dire une expérience quasi inexistante. Comment trouver une animation à même de distraire un public aussi hétéroclite réunissant plus de trois cents invités de marque et parlant autant de langues, mais qui ne se réduirait pas à une simple prestation musicale ? Je me souviens encore de la difficulté que j'avais à répondre à cette question et à trouver une idée satisfaisante.

C'est alors qu'a lieu la cérémonie des Césars.

Cette remise de prix est retransmise, comme toujours, à la télévision. Une grande partie de l'animation de l'émission est confiée à une actrice et chanteuse très connue mais vraisemblablement déjà largement oubliée des jeunes générations. Chanteuse populaire, mais aussi relativement dénigrée parce que justement populaire. Elle est cependant une artiste de grand talent et l'a d'ailleurs prouvé dans des prestations cinématographiques remarquées dans de nombreux longs métrages. C'est aussi une femme accessible, aimable et généreuse.

Mais elle a bien d'autres talents. Comme celui d'imiter à merveille Louis Armstrong et d'autres vedettes internationales telles Liza Minelli. Elle a d'ailleurs le jour de la remise des Césars rencontré un grand succès et conquis un public bien plus sélectif.

J'ai trouvé mon idée !

La présenter au client se fait essentiellement à l'aide de photos et surtout de force de conviction. Je n'en dis pas davantage de peur que l'idée d'une chanteuse qui peut être jugée un peu trop populaire effraie cette grande entreprise internationale. Mon interlocuteur me demande bien des disques à envoyer au siège en Allemagne, à ses supérieurs hiérarchiques, mais je prétends, légère entorse à la vérité, qu'elle n'en a pas enregistrés. Je ne me vois pas envoyer ses chansonnettes usuelles. Le choix qui a été validé, me laisse top peu de temps s'il devait être remis en cause, pour proposer une autre option.

La soirée a lieu et rencontre un succès éclatant.

Devant cette réussite qui engageait d'ailleurs la responsabilité de mon interlocuteur, mon agence est non seulement reconduite sur plusieurs années pour cet événement, mais se voit confier la totalité de la communication du département santé animale de ce laboratoire : campagnes publicitaires et relations publics.

Une accroche publicitaire pour lancer un nouvel antiparasitaire buvable pour les animaux de rente, c'est-à-dire les bovins, équins, ovins et caprins m'a notamment permis d'étendre la collaboration sur toute la gamme d'antiparasitaires du laboratoire. L'accroche est un clin d'œil qui fait mouche : *« Les animaux boivent, les vers trinquent »*

L'année suivante, alors que je me suis octroyé un long séjour en Asie du Sud-Est, je suis de retour tout juste pour le rendez-vous avec le Directeur marketing international de ce même laboratoire. Il convient de préparer la soirée de la deuxième année. Il fait le voyage d'Allemagne exprès pour me rencontrer et préparer l'événement. Je rentre plus déphasé que le plus détendu des back packers. Et plus noir que bronzé. J'arrive à l'agence, et alors que je pense être en avance, je suis en retard d'une demi-heure. J'ai omis d'intégrer le changement d'heure du printemps.

Je pénètre dans la salle de réunion, un peu gêné tout de même, en bredouillant à un interlocuteur quelque peu glacial (on le comprend) quelques mots d'excuse. Je décide de jouer cash et lui explique que j'ai du décalage horaire, car j'arrive la veille d'Asie du Sud-Est.

Il arrive que la chance puisse nous sourire.

Il a passé lui-même plus de dix ans de sa carrière en Asie du Sud-Est et est ravi que nous partagions notre ressenti pendant un bon moment avant de nous mettre au travail.

Il a adoré la première édition de l'événement et nous a confié plusieurs années durant son organisation.

Depuis, je ne rate quasiment jamais la cérémonie des Césars.

8. Comprendre avant de surprendre

L'agence est retenue pour participer à un nouvel appel d'offres. Il s'agit de prendre en charge la communication d'un important label de qualité de linge de lit qui met en valeur les fabricants français. Un secteur très concurrencé par les importations du Moyen-Orient.

L'objectif principal, même s'il n'est pas le seul, est de favoriser et accompagner le référencement des industriels bénéficiant de ce label, auprès des acteurs de la grande distribution.

Nous choisissons d'axer notre recommandation en privilégiant une campagne publicitaire sur le média TV, seul capable d'éveiller l'attention des centrales d'achat ainsi que sur la presse féminine, l'achat de linge de lit étant prioritairement dévolu aux femmes. Les créations sont bien avancées, mais ayant quelques doutes, nous souhaitons les prétester auprès des premières concernées.

Le moins que l'on puisse dire est que les créations ne suscitent qu'un faible intérêt et surtout aucune adhésion. Il faut d'urgence se remettre à l'ouvrage.

Nous décidons d'organiser ce que l'on a coutume d'appeler un « focus group », un groupe qualitatif. Celui-ci réunit une dizaine de femmes d'âges et de catégories socioprofessionnelles différents. N'y voir aucune pensée sexiste. Il est juste avéré que ce sont les femmes qui, très majoritairement, sont les acheteuses du linge de maison. Le focus group est organisé à l'agence sous la conduite d'une psychosociologue afin d'explorer les attentes, les freins et motivations des consommatrices. Comme souvent, ce genre de réunion est enregistré et on peut également l'écouter en direct dans une pièce voisine, bien évidemment avec l'accord des participantes qui sont également défrayées. La réunion se déroule sur environ une heure trente.

La richesse de ce genre de réunion n'est plus à démontrer. L'analyse des échanges me paraît évidente : les femmes ont une perception nettement différente du linge de lit de celle des hommes. Allez parler de draps à un homme : inutile de vous faire un dessin pour que vous deviniez vers quoi ses pensées sont directement orientées.

Pour les femmes, même si la sensualité est loin d'être absente, le linge de lit est associé prioritairement à la notion d'intimité, d'émotion, et même de sécurité sans oublier, bien entendu, l'univers de la maison, la décoration. S'y ajoute également la notion de transmission. Il n'y a pas si longtemps que l'on parlait encore du trousseau de la jeune mariée. Nous traduisons ces échanges en un mot : le nid, concept qui réunit toutes ces dimensions.

Le spot sera donc dans une chambre, intimiste, sensuelle et fera référence aux tendances actuelles par analogie avec la mode en tant que telle. Cela, tout en valorisant la sécurité d'un label de qualité.

Comprendre demande souvent un peu de patience et surtout de ne jamais voir les choses à travers son propre filtre… C'est prétentieux de croire en marketing comme en communication que l'on sait tout.

On n'est d'ailleurs jamais le sachant, toujours l'apprenant.

9. Sortir des sentiers battus

Lorsque l'on ne travaille pas dans la communication, on pense souvent qu'œuvrer pour des marques de grande consommation ou des marques de luxe est une forme d'accomplissement.

Rien n'est moins vrai.

Bien souvent, ces marques sont enfermées dans des codes liés à la fois à leur marché, prisonnières de carcans attachés à leur propre positionnement. Cela, sans même compter sur l'aversion pour le risque de certaines directions du marketing.

C'est, entre autres, pour cela que je prends souvent beaucoup de plaisir à travailler pour des marques, certes moins prestigieuses ou moins visibles, mais pour lesquelles l'apport de notre agence se révèle *in fine* beaucoup plus patent.

Je pense notamment à une marque d'imprimantes qui cherchait à se distinguer d'un univers très concurrentiel et se donner des points d'image auprès des donneurs d'ordre publics comme auprès des consommateurs sans avoir cependant les ressources pour lancer de grandes campagnes publicitaires. C'est ainsi que je suis amené à proposer à ce client de se singulariser de nombreuses manières.

D'abord par la création d'un prix littéraire.

De l'imprimante numérique qui sert à publier, entre autres, des textes, à la littérature qui met en scène l'univers informatique, le pas est franchi. Nous élaborons ce prix littéraire d'un genre nouveau. Pour les candidats sélectionnés l'intrigue doit tourner autour de l'ordinateur. Nous donnons à ce prix tous les attributs d'une récompense destinée à s'affirmer comme un trophée de référence.

Sélection auprès des grands éditeurs des romans de l'année, constitution d'un jury de personnalités reconnues telles que Joël de Rosnay, Bernard Lentéric et les frères Bogdanoff, réunion du jury au Fouquet's, remise du prix lors d'une grande soirée associant les différents publics, édition d'un bandeau qui sera apposé sur l'ouvrage gagnant, tous les ingrédients ont été réunis pour assurer le succès de la première édition de ce prix.

Il est reconduit sur plusieurs années avant de succomber aux changements d'équipe dirigeante.

Pour ce même client, nous avons créé une parodie de l'émission 7/7 qui constitue encore une référence journalistique. Parodie pour laquelle nous faisons appel aux talents de Virginie

Lemoine et de Laurent Gera, à ce moment en pleine ascension. Cette émission est passée sur une radio nationale et des radios locales et parallèlement envoyée à tout le réseau de distribution. Les personnalités politiques du moment étaient mobilisées pour présenter une gamme d'imprimantes.

Une campagne qui a contribué à faire émerger la marque auprès du grand public. Même si certains médias ont décliné la campagne, craignant une réaction négative de certains hommes politiques.

Une autre idée a consisté à placer des bornes dans les gares SNCF et le réseau de distributeurs de la marque pour éditer des lettres d'amour le jour de la Saint-Valentin. Six lettres d'amour personnalisables romantiques, humoristiques ou quelque peu érotiques étaient proposées au public. Une opération qui n'a pas manqué de retenir l'intérêt de plusieurs grands médias de la presse écrite et télévisuelle.

Pour sortir des sentiers battus et se démarquer, il faut entrer dans l'univers des consommateurs en faisant référence à des éléments qui jalonnent leur quotidien : émission TV connue, prix littéraire, magazine people, personnalités familières, fêtes du calendrier…

Ça leur parle simplement parce que c'est leur vie.

10. Sentir l'air du temps

La communication constitue un marché hautement compétitif. Un univers dans lequel les agences s'attachent à développer soit des expertises particulières soit un positionnement singulier, si possible les deux, qui leur permettront de se distinguer de la masse.

Pour notre part, avant que nous soyons amenés à développer des travaux sur les valeurs d'entreprise puis sur le sens qui sont devenus notre marque de fabrique et qui seront évoqués à la fin de ce livre, nous avons aussi senti et surtout saisi les opportunités qui s'offraient à nous avec le développement de l'internet.

C'est ainsi que notre agence a créé son site web dès le début des années quatre-vingt dix et que nous avons dans la foulée créé la start-up *Pressonline* dédiée à la communication entre les entreprises et les médias.

A l'avant-garde, ce service d'intermédiation réunissait d'un côté plus de trois mille communicants d'entreprise et d'institutions diverses et de l'autre plus de cinq mille journalistes. Ces derniers y trouvaient salles de presse thématiques, communiqués des entreprises (qu'ils choisissaient de recevoir ou non selon leurs préférences), visuels et vidéos en téléchargement libre et l'accès direct au bon contact, sans perte de temps.

Il faut néanmoins admettre que cette expérience n'a pas remporté le succès économique escompté. Loin s'en faut.

Mais ses suites ont été plus intéressantes.

D'abord en termes d'apprentissage car tout était nouveau et passionnant. En termes de technologies, où il fallait très vite acquérir de nouvelles compétences, comme en termes d'usages où il fallait apprendre les attitudes et comportements des utilisateurs.

Tout ce que nous apprenions, nous le partagions très régulièrement avec les entreprises comme avec les journalistes lors de réunions organisées au PressClub. En termes financiers également cela nous a permis de comprendre, de l'intérieur, la complexité d'un business plan, les ressorts et la mécanique des levées de fond.

Ensuite, en termes d'image. Notre compétence sur internet puis sur les réseaux sociaux, a permis à notre agence de se retrouver rapidement au cœur de l'écosystème des start-ups. Elle est même devenue référente dans l'univers de ce que l'on a appelé la net économie.

Nous avions ainsi parrainé les premiers « *First Tuesday* » soirées qui réunissaient start-uppeurs et fonds d'investissements. Nous avions ensuite créé la marque « *Go-Bit-Win* » pour des réunions menées par une organisation équivalente. Si *Pressonline* n'a pas rencontré le succès, cette start-up a aussi contribué, toutefois assez indirectement, au développement de l'agence.

Ultérieurement, nous avions publié un ouvrage dont le titre, inspiré par un des premiers films de Woody Allen : « *Tout ce que vous avez toujours voulu savoir sur les réseaux sociaux sans jamais oser le demander* ». L'environnement changeant très vite, ce document a fait l'objet de nombreuses mises à jour et rééditions.

Mettre le nez dehors pour sentir l'air du temps.

« Take away »

I. On n'a pas deux fois l'occasion de faire une première bonne impression.
Le premier contact est essentiel.
Il faut de prime abord faire bonne impression et rapidement inspirer confiance.

II. Amener l'interlocuteur à ressentir que l'on fait partie du même monde que lui.
Un vocabulaire, une rhétorique, des attitudes, des comportements qui enverront autant de signaux aussi rassurants que motivants pour son interlocuteur.

III. Ne jamais préjuger trop vite de quoi que ce soit.
Se méfier de ses premières impressions qui ne sont pas toujours justes.

IV. La sincérité paie.
Toujours se rappeler que ses interlocuteurs travaillent avant tout avec des personnalités qu'ils doivent « sentir » et apprécier.

V. Ne pas trop hésiter à hisser la grand-voile.
Sortir des chemins balisés, emprunter de nouvelles voies et savoir parfois casser les codes.

VI. A ne rien risquer, on ne gagne jamais rien.
Cela peut se révéler souvent stressant mais c'est une évidence : sans risque de perdre, aucune chance de gagner.

VII. La chance sourit aux audacieux.
La chance est un facteur sur lequel on ne peut compter, mais, heureusement, il y a parfois des vents favorables dont il faut savoir profiter.

VIII. On n'est jamais le sachant, toujours l'apprenant.
Il ne faut jamais voir les choses à travers son propre filtre mais avec celui de ceux auxquels on s'adresse. En communication, la certitude est prétentieuse.

IX. Entrer dans l'univers du public.
En faisant référence à des éléments qui jalonnent leur quotidien : émission TV, magazine people, personnalités familières…
Cela lui parle parce que c'est son quotidien.

X. Mettre le nez dehors et sentir l'air du temps.
La seule façon d'anticiper les évolutions avant que d'autres ne le fassent avant vous.

- ECHANGER -

11. Mettre ses amis à contribution

C'est une marque automobile prestigieuse. Pas un très grand annonceur et donc pas un client avec un gros potentiel, mais c'est le genre de marque qui fait rêver beaucoup de monde et surtout beaucoup d'agences. En général, la bagarre pour gagner ce type de budget est, on ne peut plus, sévère.

J'arrive, par une relation commune, en outsider. Le client ne me cache pas que nous survenons un peu tard, il est déjà en train de choisir l'agence qui va prendre en charge sa communication.

Qu'à cela ne tienne, je m'accroche et tâche de le convaincre de nous laisser une chance en montrant une motivation sincère sur sa marque qui est là depuis mon enfance. Mon argument ? Au jeu de circuit sur le sable, mon frère avait la marque concurrente et, de mon côté, je défendais déjà les couleurs de celle dont je voulais être le communicant.

L'univers de l'automobile, tout le monde ne le sait pas forcément, est très émotionnel.

Mon argument fait mouche, nous sommes vendredi, le client me donne juste le week-end et me redonne rendez-vous le lundi pour lui présenter mes recommandations et lui témoigner la réalité de ma motivation.

Le brief ? Un des modèles de la marque verra arriver son nouveau millésime dans un délai de quatre mois et une dizaine d'exemplaires du modèle actuel (ce qui est beaucoup pour une voiture de grand luxe) risque de n'être plus vendable ou seulement avec un important rabais. Quelle action de communication pourrait recommander l'agence pour accélérer la vente de ces dix derniers modèles ?

Vous avez quarante-huit heures.

J'avais déjà des engagements pour le samedi et un dîner le samedi soir.

Me vient une idée : à la suite du dîner, pourquoi ne pas organiser un brainstorming avec mes convives du samedi ? C'est de là qu'est venue l'idée, à la fois très simple, mais très forte, que j'allais présenter au décisionnaire dès le lundi suivant sur un simple paperboard : nous allons lancer la plus petite série limitée au monde !

Nous suggérons à notre futur client de la labelliser du nom du fondateur de la marque dont la signature sera reproduite sur la carrosserie. Et, pour renforcer le côté exclusif, de l'équiper de jantes spécifiques, de marchepieds numérotés de 1 à 10 et de quelques accessoires qui compléteront la singularité de la série limitée. Nous lancerons le modèle auprès de la presse grand public et spécialisée dans un lieu de prestige et développerons une campagne qui se limitera à quelques magazines de luxe.

Inutile de préciser que l'agence initialement pressentie, filiale française d'un grand groupe publicitaire international, fait des pieds et des mains pour disqualifier mon agence. Heureusement, sans succès.

Ma sincérité m'a permis de rentrer dans la consultation d'agence, un dîner le week-end avec des amis m'a permis de trouver l'idée gagnante. Une idée qui a été ensuite reprise par plusieurs autres pays distribuant la marque.

Rien n'interdit de joindre l'agréable à l'utile.

12. Décontraction

Nous gagnons les relations publics[5] d'une grande marque de jouets spécialisée dans les arts et loisirs créatifs. Elle ne dispose pas d'un budget à rallonge mais a néanmoins un besoin crucial de développer sa notoriété. L'idée ? Une fondation pour les arts manuels et l'enfance (anagramme : AME) qui sera chargée d'organiser un grand concours dans les écoles sur le thème du village imaginaire.

Douze capitales de régions seront retenues pour faire participer chacune deux classes de cinq écoles différentes, soit au total dix classes par région et donc cent-vingt classes participantes. Cela demande pas mal de logistique. Il faut fournir le matériel, éditer le règlement, choisir et suivre les écoles, sélectionner les jurys dans chaque capitale de région... Cela s'accompagnera également d'une exposition des travaux de chaque classe dans la mairie de chaque grande ville. Une finale nationale sera organisée à Paris.

Pour le lancement de cette fondation, une personnalité littéraire, membre du prix Goncourt en deviendra le Président. Une personnalité réputée en littérature, mais également connue pour son goût pour le bricolage et les arts

---

[5] *Il n'y a pas de faute d'orthographe : voir la note page 28*

manuels. Il accepte de présider, mais bien sûr ne sera pas là au quotidien. Ce sera le rôle d'un Secrétaire général.

Inconscience due à ma jeunesse, je me bombarde Secrétaire général de la Fondation sans anticiper qu'il me faudra assumer cette fonction non seulement pour les aspects opérationnels, mais aussi pour la représentation auprès des médias.

La conférence de presse de lancement de la Fondation et du concours est organisée au Palais de Chaillot en présence de l'auteur réputé et de son Secrétaire général qui, je vous l'assure, n'en mène pas large. Une soixantaine de journalistes sont attendus. Je me souviens avoir été tellement stressé que, pour me détendre, je suis parti faire un jogging et suis même tombé au sol en enjambant une barrière repartant avec une fêlure de l'humérus.

Au Palais de Chaillot, je trouve le membre du Goncourt parvenu en avance, l'air totalement calme et détendu. Cela déteint sur moi dans l'instant. La conférence démarre, le Président dit juste quelques mots et me passe, sans délai, la parole... Qui vient toute seule. Je présente, je développe, je propose le jeu des questions, je réponds à la plupart d'entre-elles. La conférence se termine et mes collaboratrices qui connaissaient mon stress et ont un mot de réconfort : « Tu as fait çà toute ta vie ? ». La décontraction est souvent contagieuse.

13. Ne pas transformer son agence en bureau de casting

A deux reprises, nous sommes amenés à prendre en charge le casting de mannequins ou de comédiens alors que ce n'est nullement notre métier. J'en garde toutefois de très bons souvenirs.

La première fois est pour réaliser, pour le compte d'un de nos clients dans le secteur de la maison, une photo de famille dans un intérieur chaleureux. Nous imaginons une famille traditionnelle. Une famille modèle telle que l'on peut se l'imaginer : le papa, la maman, les deux enfants garçon et fille. Pour le garçon je n'hésite pas à engager mon propre fils, six ans, pour cette photo.

Alors que nous trouvons la maman et la fille idéale, il nous reste un papa à trouver. Un casting est organisé à l'agence par une collaboratrice. Les « candidats » arrivent progressivement. Je m'aperçois que ma collaboratrice à un « crush » pour un des prétendants, au demeurant un fort bel homme déjà retenu pour d'autres campagnes en faveur de grandes marques. Ma collaboratrice le retient pour la photo, mais pas seulement.

Ils se sont revus, mariés et ont eu trois magnifiques bambins. Que j'aime ce métier !

Un second casting est organisé pour tourner un film en faveur du renouveau du casino d'une grande station balnéaire normande appartenant à un groupe prestigieux. Ce casino, entièrement remodelé, a opté pour un positionnement original sur le thème de la Louisiane. Thématique cependant un peu trop souvent empruntée par des établissements de restauration beaucoup moins haut de gamme. Pour la campagne de lancement nous retenons différents médias, dont en particulier le cinéma qui offre un ciblage géographique mais surtout parce que le film permet de donner davantage de profondeur et d'authenticité au concept de Louisiane.

M'inspirant du, certes ancien, mais formidable film « *Stormy Weather* » et de l'inoubliable prestation de Fats Waller chantant et s'accompagnant au piano « *Ain't Missbehavin* », nous cherchons un comédien capable de l'incarner devant la caméra du réalisateur. Nous décidons donc de passer une annonce dans des journaux nationaux en fixant une date et en indiquant l'adresse de l'agence.

C'est alors que près d'une centaine de comédiens se présentent à l'agence. Nous avons beaucoup de mal à les contenir. Nous étions loin d'imaginer cette affluence et le temps que cela allait nous prendre.

Nous trouvons néanmoins en Lindsay la perle rare. Un comédien et animateur TV venu spécialement de Londres pour ce casting qu'il avait décidé de remporter quelles qu'en soient les conditions.

J'ai tellement apprécié la personnalité de ce comédien que, même si nous nous sommes désormais perdus de vue, nous avons conservé des liens d'amitié pendant plusieurs années.

On ne peut cependant guère s'improviser dans tous les métiers. Je n'ai plus jamais transformé mon agence en bureau de casting.

14. Ne pas oublier l'humour

Une proche collaboratrice m'a dit un jour que la compétence se reconnait plus facilement en utilisant l'humour. Je ne l'ai jamais oublié et chaque fois que je peux et m'en sens autorisé, j'utilise l'humour tant comme arme de séduction que de levier de conviction. Cela est aussi très utile quand le quotidien se révèle un peu trop stressant.

Quelques agences, dont la mienne, pratiquent en secret un « mot caché » à glisser dans la présentation des recommandations. Le jeu étant de le prononcer pour déstabiliser un peu mais surtout détendre et faire rire ses comparses, mais cela sans que le client s'en aperçoive.

J'ai souvent perdu à ce jeu, car je ne pouvais m'empêcher de pouffer. Bien sûr plus l'enjeu de la compétition était important (entendez la notoriété du client ou le montant du budget), plus le jeu était aussi risqué qu'anxiogène. Ce d'autant que pour le pimenter, le mot à glisser était généralement très difficile, voire souvent impossible, à placer (« *amygdale, tarte tatin, humérus, etc.* »)

Je me souviens de « *Pont-l'Evêque* ». Pari gagné par une collaboratrice qui évoque les statistiques de résultats : « *Ils seront présentés sous forme de*

Pont-l'Évêque... Euh, pardon de camemberts !! »
(Retenez-vous de rigoler devant le client !).

Je me souviens aussi du jour où nous devions placer l'impossible « *Hémorroïdes* », pari presque gagné par moi-même par la citation du mot en prenant en exemple une campagne publicitaire récente, à la fois très efficace et très simple pour une pommade réparatrice. Pari « presque gagné » parce que si mes collaborateurs ont su rester de marbre alors que je prononçais le mot fatidique, je n'ai pu moi-même me retenir de glousser !

Enfin, je me souviens très précisément du jour où passant, devant le standard de l'agence au moment où le téléphone sonnait, la secrétaire décroche... Et, avant même de dire un seul mot d'accueil et bien évidemment sans même savoir qui est au bout du fil, lâche un fracassant :

- « *Ooooooooh ! J'ai avalé une mouche !* ».

Et ... Plus rien !

En imaginant ce que pouvait bien imaginer et penser la personne au bout du fil, je n'ai pu qu'éclater de rire. Pour tout dire... Cela m'amuse encore. Je n'ai jamais pu savoir quel était son interlocuteur.

Ces moments drôles font tant dans une vie professionnelle où la spontanéité en est parfois la sève.

Un autre jour, je me rends pour une réunion importante dans le bureau d'un Président fraîchement élu à la tête de son syndicat professionnel.

Pour ne pas être dérangé - mais surtout pour impressionner son agence et se donner de la stature - il nous indique qu'il va condamner l'accès à son bureau (qu'il était donc tout juste en train d'inaugurer) en condamnant la porte et en affichant une lumière rouge de l'autre côté.

Tout en nous regardant, il cherche le bouton situé sous le plan de travail de son bureau… Mais ne le trouve pas. Ce qui l'agace et lui fait perdre un peu de son sa position statutaire.

Il insiste, il cherche… Il cherche encore. Longtemps. Il explore … Et puis il fouille à nouveau. Après encore un bon moment, se penchant sous la table, il finit par trouver ce fichu bouton… Je n'ai plus qu'à me mordre les joues afin de ne pas éclater de rire.

Je pourrais ainsi multiplier les anecdotes presque à l'infini.

Une autre ? Nous travaillons pour un institut de formation de dirigeants. A l'occasion de la réunion annuelle des formateurs, un de leur dirigeants prodigue quelques conseils aux formateurs pour parer certaines questions gênantes pouvant émaner des dirigeants au cours de leur formation. Notamment en ce qui concerne le possible entrisme de sectes dont certaines, telle la Scientologie, ont la réputation de nettement se focaliser sur les entreprises de formation.

Alors pour en parler – et sans même s'en rendre compte - il évoque « *la pénétration des sexes* ». Essayez donc de ne pas éclater de rire. Il a eu un peu de mal à retrouver l'attention de ses formateurs.

Allez… Une dernière.

Nous réalisons un film sur l'intelligence artificielle. Pour le rendre plus digeste, nous l'agrémentons d'un micro-trottoir pour interroger les chalands d'un marché de plein air sur ce qu'ils savent de l'IA. La meilleure réponse, que nous avons gardée au montage, vient d'un marchand de primeurs qui, avec sa voix rocailleuse et l'accent très parisien des faubourgs, nous déclare :

- « *L'intelligence artificielle ? C'est celui qui se croit intelligent et qui intérieurement est con !* »

L'humour sera toujours, absolument, la meilleure des communications.

15. Oser se déjuger

La réponse aux appels d'offres est, de fait, une des activités essentielles mais hélas très coûteuses d'une agence.

Lorsque ces appels d'offres sont remportés, une grosse partie du travail a déjà été réalisée. Il reste cependant à finaliser les idées, planifier et mettre en œuvre les dispositifs. La validation finale des idées et des créations est donc une étape importante. Quand cette étape est franchie, les équipes stratégiques et créatives peuvent se sentir satisfaites et passer à autre chose.

Il nous arrive pourtant, à deux reprises, alors que les clients ont tout validé, de nous sentir obligés de revenir vers eux. Même si nos stratégies créatives ont reçu un accord de leur part, nous ne croyons plus suffisamment aux créations que nous avons conçues et pour lesquelles nous avons pourtant reçu leur validation.

C'est un exercice assurément des plus difficiles. Cela revient à dire à son client :

- « *Voilà, nous y croyions et vous aussi. Nous vous avions convaincus, mais nous n'y croyons plus. Nous avions certes réussi à vous persuader d'une stratégie et vous vous êtes laissé convaincre, mais nous allons vous convaincre à nouveau, mais pour une autre idée qui, elle, sera meilleure* ».

C'est un euphémisme de dire que c'est délicat. Pour y aller, il faut être bien plus que convaincu de son fait.

La première occasion qui me conduit à me déjuger moi-même est une campagne pour des clubs parisiens de remise en forme. Cela vient, de plus, après une première campagne radio qui n'a obtenu que des résultats médiocres. Il s'agit d'enchaîner avec une campagne d'affichage. Après la validation de la création, nous sommes pris de quelques doutes quant à la performance espérée. Nous concevons une nouvelle création et retournons vers le client pour lui expliquer les raisons de nos doutes et notre recommandation de faire évoluer le concept. Bien que ce virage fût délicat à négocier, nous n'avons pas eu à le regretter car cette campagne a remporté un grand retour sur investissement et a sans doute fait partie des plus grands succès que nous ayons pu mettre en œuvre.

Le second cas de figure est pour une fédération immobilière. Une campagne qui vise à redonner du crédit aux syndics de copropriété qui pâtissent d'une image assez médiocre quant à leur intégrité. L'accroche publicitaire que nous avons conçue est certes pertinente mais nous est apparue, avec le temps, comme manquant d'impact.

Le changement complet de concept a permis ici aussi de rencontrer la réussite espérée de la campagne.

Se déjuger ne nuit pas. C'est accepter de s'être trompé mais aussi accepter de le faire savoir.

16. Savoir s'entourer

C'est un matin de décembre. Au ton faussement dégagé de sa voix, je comprends d'emblée que ma cliente va me faire part d'un problème. Ce sera davantage. Elle m'annonce la décision de sa société d'arrêter la collaboration avec notre agence. Elle commence néanmoins par me dire que tout va bien, qu'elle est même satisfaite de nos services, mais que la décision est prise.

Elle dirige en France la communication d'une des plus grosses sociétés immobilières internationales. Cela fait plus de dix ans que l'agence travaille avec sa société sans que jamais une ombre ait été portée au tableau de ce partenariat. Naturellement je l'interroge des raisons de cette décision mais elle ne peut m'en dire davantage. Je comprends que la décision vient de plus haut, de nombreux changements ayant été opérés dans la filiale française.

Elle me précise toutefois que conformément à notre contrat (signé dix ans plus tôt), le préavis est d'un mois, alors qu'une équipe complète travaille sur ce compte. Naturellement, comme je ne connais pas le dossier par cœur, je lui dis que je vais regarder et la rappeler sous quarante-huit heures.

Je fais bien car, entre-temps, j'ai pris soin d'appeler mon avocat qui m'indique que la jurisprudence est très claire. Au vu de la longue durée de collaboration avec cette entreprise, quelque soit le contrat d'origine, le préavis ou les indemnités de rupture sont au moins de six mois.

Rendez-vous est pris avec leur directeur juridique qui campe pourtant sur la position initiale et auquel mon conseil lui dit simplement et calmement de se renseigner de son côté.

Quelques jours plus tard la Directrice de la communication nous adresse un mail pour nous dire que son entreprise propose soit de poursuivre un an de collaboration supplémentaire soit de nous indemniser à hauteur de cinq mois. Deuxième option que nous acceptons car il nous semblait difficile, à la suite de cet événement, de continuer sereinement de part et d'autre notre collaboration.

Durant ces échanges mais tout à fait fortuitement, je croise dans un restaurant parisien, le Président de la filiale française. Je vais à sa table le saluer. Il m'accueille très chaleureusement et prends poliment de mes nouvelles.

Je lui réponds simplement :

- « *Cela pourrait aller mieux* ».

Etonné, il me demande alors :

- « *Que vous arrive-t'il ?* ».

Surpris de sa réponse et pensant ne faire que lui rappeler, je lui dis que sa société souhaite interrompre sa collaboration avec notre agence. Il se retourne alors vers son compagnon de repas pour lui lancer :

- « *Tu vois, je ne suis même pas au courant !* ».

Il me dit qu'il va se renseigner et me salue aimablement.

Le lendemain même de notre rencontre, j'apprends qu'il a lui-même été débarqué, sans préavis.

Les grandes sociétés internationales sont parfois d'une violence que je n'ai, au grand jamais, rencontré dans les sociétés patrimoniales. Face à elles, surtout face à leur absence d'états d'âme, le mieux est de savoir rester calme et s'entourer de conseils éclairés.

Et pour cela, ne pas hésiter à se faire accompagner des meilleurs professionnels.

17. Exercer sa mémoire

C'est une soirée organisée par l'agence dans le cadre très statutaire bien qu'à l'architecture quelque peu « stalinienne » du CESE (Conseil Economique Social et Environnemental). Elle réunit plusieurs clients de l'agence dont notamment une multinationale bien connue pour s'occuper de nos parebrises avec une assiduité, quelque peu lassante pour le grand public.

Il existe un trouble rare de la reconnaissance visuelle, d'ordre neurologique, qui peut se révéler invalidant en société : la « prosopagnosie ». Elle désigne l'incapacité à identifier des visages connus. Je me suis parfois posé sérieusement la question de savoir si je pouvais en être atteint. Je crois hélas que c'est pire.

Je croise beaucoup de gens dans une journée ordinaire, tellement que je suppose que mon cerveau, pour ne pas trop encombrer sa mémoire, fait un tri régulier et entreprend de lui administrer un ménage fréquent mais sans doute un peu trop excessif.

L'agence ayant désormais plus de cent-vingt clients, je ne connais plus personnellement, loin de là, toutes les équipes de management de ces clients.

Lors de cette soirée au CESE, une Directrice conseil de l'agence m'interpelle pour me présenter au Directeur de la communication du client cité plus haut et ses proches collaborateurs. Après quelques échanges aimables, l'habituelle coupe de champagne à la main, je me tourne vers une jeune femme à côté de moi qui n'avait pas encore pris la parole et la questionne pour savoir depuis combien de temps elle est dans cette société.

C'est alors qu'elle me réplique :

- « *Mais Thierry... Cela fait six mois que je suis dans votre agence !* »

J'ai rarement été aussi embarrassé de toute ma vie professionnelle et n'ai eu d'autre option que de m'éclipser au prétexte d'aller me faire remplir à nouveau ma coupe de champagne.

Moralité : il faut d'abord se méfier de soi-même.

Et surtout travailler suffisamment sa mémoire.

18. Soutenir ses collaborateurs

Il arrive de tomber sur des clients charmants au démarrage de la collaboration mais qui peuvent se révéler par la suite de véritables bourreaux auprès des équipes qui leur sont dévouées. Ce n'est certes pas fréquent, mais occasionnellement, sans que l'on comprenne vraiment pourquoi, certaines personnalités peuvent alors se révéler parfaitement odieuses.

On pourra l'attribuer à la pression qu'eux-mêmes subissent de la part de leur hiérarchie ou de leur conseil d'administration ou encore à la pression des marchés, mais toujours est-il qu'il arrive donc que la naturelle exigence d'un client se transforme dès lors en véritable harcèlement.

Nous avons ainsi eu l'occasion, à plusieurs reprises, de devoir prendre en charge des collaboratrices en larmes ne sachant plus comment faire pour gérer un client qui n'hésitait pas à aller beaucoup trop loin.

Il faut reconnaître que ces collaboratrices avaient tendance à s'engager sans limites et se trouvaient alors démunies face à des personnes utilisant sans vergogne l'arme de la culpabilité.

Je gère toujours ces situations de la même manière. J'appelle le client avec la collaboratrice dans mon bureau, lui demandant de garder le silence. Je demande alors benoîtement au client ce qu'il se passe, car j'ai retrouvé ma collaboratrice en larmes.

Leur réaction est à peu près toujours la même. « Il ou elle ne comprend pas... ». Oui, il a peut-être été un peu dur, mais bon, il n'y a certainement pas de quoi en arriver là, non, non, il ne comprend vraiment pas. Je lui rétorque alors que moi non plus. D'autant qu'il s'agit d'une de mes meilleures collaboratrices. Il finit par me dire alors qu'il tâchera d'être plus vigilant.

Et cela ne manque jamais, le client comprend le message, se calme tout seul et redevient beaucoup plus courtois.

Cette méthode offre plusieurs avantages.

D'abord montrer à sa collaboratrice qu'elle n'est pas seule. Ensuite permettre à notre client de revenir à de meilleures dispositions sans aller vers la rupture.

Enfin, faire passer le message à l'ensemble de nos collaborateurs que leur manager n'est pas là seulement pour les motiver, mais aussi pour les soutenir.

19. Festoyer

Presque toutes les entreprises sont amenées, occasionnellement ou régulièrement, à organiser des événements. Soit pour des raisons marketing afin de lancer de nouveaux produits ou de nouvelles prestations. Soit pour des raisons plus corporate pour réunir et motiver leurs principales parties prenantes au premier rang desquels leurs clients, leurs collaborateurs et leurs actionnaires. Si l'on excepte les années Covid qui ont été dans le secteur événementiel assez douloureuses, ce marché est un secteur florissant.

Notre agence, qui organise de nombreux événements pour ses clients, ne fait pas exception à la règle en organisant des événements également pour elle-même. A l'occasion d'emménagements dans de nouveaux locaux ou dans le cadre d'anniversaires de sa création et sans parler des multiples événements internes, elle réunit fréquemment ses collaborateurs et ses clients dans des rassemblements tous plus festifs les uns que les autres. Métier oblige, il faut montrer l'exemple.

Deux événements ont marqué les mémoires. D'abord celui organisé pour l'inauguration de l'immeuble du dix-septième arrondissement dans lequel nous venons d'emménager. Nous avons l'idée de le thématiser « *Jazz & Wine* ». Plusieurs groupes de musiciens, « manouches » ou « *West Coast* » se succèdent dans différents espaces et sur la terrasse où sont aussi projetés des films musicaux. Cinq étages, cinq continents. A chaque étage, des sommeliers offrent à la dégustation différents vins issus d'un des cinq continents. D'autres animations, sur le thème du vin, sont proposées. Je me souviens surtout d'un de nos clients qui à son arrivée me dit qu'il ne pouvait rester qu'une vingtaine de minutes. Je le retrouve deux heures plus tard au cinquième étage appréciant, sans doute plus que de raison, le voyage vinicole que nous proposons.

Pour célébrer les trente ans de l'agence, cette fois-ci, une grande fête thématisée sur les années trente réunit plus de trois cent invités. Ils découvrent dès leur arrivée qu'ils sont intégrés dans des extraits de films d'époque et profitent d'une ambiance électrique avec de nombreuses surprises comme des pickpockets et des mentalistes.

Le plus réjouissant c'est, qu'ayant demandé aux invités de venir habillés dans le thème, est de découvrir que tous, clients, partenaires et collaborateurs ont totalement joué le jeu en s'habillant « années trente ». Le spectacle est dans l'assemblée.

On nous a parlé de cet évènement pendant trois ans et nous avons été sollicités à la suite pour plusieurs événements.

Faire la fête est loin d'être une perte de temps.

« Take away »

XI. Rien n'interdit de joindre l'agréable à l'utile.
Ne pas hésiter à mettre ses mais à contribution et faire de ses clients des amis.

XII. Profiter de la décontraction des autres.
Les côtoyer aide à faire baisser le stress.
Leur décontraction est tout simplement contagieuse.

XIII. Ne pas s'improviser dans tous les métiers.
Chaque métier offre des professionnels bien plus compétents, plus efficaces et plus rapides.

XIV. L'humour sera toujours la meilleure des communications.
Et cela permet aussi de se détendre lors de réunions à gros enjeu.

XV. Accepter de s'être trompé et de le faire savoir.
Se déjuger ne nuit pas. C'est même une preuve d'engagement aux côtés de ses clients.

XVI. Se faire accompagner des meilleurs.
Cela fait gagner du temps (et de l'énergie).

XVII. Travailler sa mémoire.
Et surtout se méfier de soi-même.

XVIII. Manager n'est pas seulement motiver, mais aussi (et peut-être surtout) soutenir.
Les collaborateurs attendent de leur manager un accompagnement dans les bons moments, mais aussi dans les moins bons, surtout face à des clients un peu trop pressants.

XIX. Faire la fête est loin d'être une perte de temps.
Un événement réussi, interne ou externe, marquera les esprits pour longtemps.

- PROTEGER -

20. Savoir dire oui...
Ou non.
Ou « sous réserve »

Quand j'assure des prestations ou des masters class pour des écoles de communication et que vient le moment des questions, il y en a une qui intéresse particulièrement les étudiants et qui revient régulièrement : « Vous est-il arrivé de refuser des clients pour des raisons éthiques ? »

En fait, cela n'arrive quasiment jamais.

Mais me viennent néanmoins à l'esprit les cas rarissimes qui m'ont amené à m'interroger avec mes collaborateurs sur accepter ou non un client.

Le premier est un parti politique situé aux extrêmes. Il s'agit de faire évoluer son image auprès des médias. La réponse vient d'elle-même, car, si notre agence travaille régulièrement pour des municipalités ou des conseils départementaux, elle n'est jamais vraiment intervenue en politique. Le refus nous semble à une évidence et le refus facile à formuler.

Le deuxième vient d'un groupe qui pilote un ensemble de sites de contenus pornographiques qui souhaite se faire connaître en tant qu'acteur économique comme un autre.

Là, je me dis « aucun doute ». Je ne peux en aucun cas accepter ce client. L'agence a une très large majorité de jeunes femmes. Cela me semble hautement inimaginable que prendre en charge un tel client leur convienne. Bien qu'il ne s'agisse que de communiquer sur des statistiques mondiales de fréquentation et les types de contenus visionnés, je ne me vois pas leur imposer ce client.

Seulement intéressé pour voir leur réaction, j'annonce tout de même qu'une équipe devra prendre en charge ce client. Là… Surprise ! Personne ne s'offusque. Plusieurs équipes se montrant intéressées et trouvant plutôt rigolo de s'occuper de ce sujet. Je dois même départager quelle équipe prendrait en charge le client… La différence de génération commençait déjà à se faire sentir.

Le troisième a conduit à une position plus mitigée. La consultation vient d'une entreprise de technologie qui affirme avoir trouvé la solution pour la diffusion de contenus vidéo en ligne et veut rapidement se faire connaître. C'est aujourd'hui une chose commune, mais à ce moment-là, les réseaux ne permettaient pas un tel débit. Comme nous ne sommes ni techniciens ni spécialistes en télécoms, nous faisons chauffer le téléphone pour obtenir des avis extérieurs un peu plus éclairés. Ceux-ci sont quasiment unanimes pour nous dire que, à date, bien qu'il faille néanmoins se garder d'être définitif, c'est technologiquement impossible.

Nous prenons la décision d'accepter le client mais sous réserve qu'il nous laisse prévenir les médias que nous ne pouvons garantir les informations (c'est l'éthique de notre métier lorsque le cas se présente) et que nous les laissons vérifier par eux-mêmes.

Bien nous en a pris. Notre méfiance était justifiée : tout était faux ou pour le moins très largement exagéré. Des mensonges juste destinés à accompagner une levée de fonds. La réserve est parfois une bonne solution.

L'éthique s'invite aussi dans le choix de ses clients.

21. Se tenir à l'écart

Beaucoup de jeunes recrues dans les écoles de commerces et de communication ambitionnent de travailler dans le secteur associatif ou dans des ONG. L'enjeu pour ces candidats est essentiellement lié au fait de trouver un travail qui contribue à donner du sens à leur vie. Être utile à une collectivité, une communauté ou à la société dans son ensemble. Qu'il s'agisse de sujets économiques, sociaux, sociétaux ou environnementaux.

Nous travaillons régulièrement pour ce type d'organisations qu'il s'agisse de grandes causes, de santé, d'associations de médecins spécialistes ou de technologies.

Croyez-moi, bien que cela est contre-intuitif, nous constatons très souvent que ces univers « *non-profit* » sont très fréquemment bien plus violents que les univers économiques que nous conseillions usuellement.

Nous le remarquons notamment, mais pas uniquement, par les échanges de mails adressés à tous qui sont quelquefois d'une vindicte inconcevable qui frôlent l'injure publique et parfois font bien plus que la frôler.

Nous nous sommes souvent interrogés sur ce phénomène. La seule explication que nous y trouvons est que personne n'ayant d'intérêt autre que louable, chacun se trouve plus légitime que les autres à édicter le bon droit.

Dans ces échanges épistolaires où ne manquent que les pistolets, inutile de dire que chacun tâche de se tenir à l'écart. Cela permet notamment d'éviter les balles perdues.

Au moins, dans les milieux économiques, si les relations se révèlent de temps en temps assez dures, celles-ci restent dans l'ensemble assez respectueuses.

Les objectifs sont clairs et les intérêts bien compris de tous.

22. Se sortir de situations délicates

La vie professionnelle ne manque pas de réserver des situations délicates à gérer. Sur la durée, leur nombre donnerait lieu à une liste qui se révèlerait bien fastidieuse. Une, en particulier, me semble révélatrice.

Dans les années deux-mille, une conférence se déroule au Caire où se tient une des toutes premières réunions du réseau international que je contribue à construire.

Lors d'une des réunions destinées à élaborer les règles du fonctionnement de ce réseau nous sommes environ une quinzaine de patrons d'agence venant d'autant de pays autour de la table. Georges Orwell nous avait prévenu : « *Nous sommes tous égaux… Mais il y en a certains qui sont plus égaux que d'autres* ». Je suis hélas amené à le vérifier.

La plupart des participants ont remarqué que la dirigeante de l'agence anglaise a une fâcheuse tendance à réfuter toute proposition qui ne vient pas d'elle et à imposer très souvent sa façon de voir et ses idées.

Quelque peu agacé car les choses sont ainsi souvent bloquées, je lui pose, au bout d'un moment, la question (en anglais comme il se doit et en la regardant ardemment) :

- « *Sommes-nous dans un réseau international ou dans un réseau anglais ?* ».

Bien évidemment elle comprend immédiatement la saillie et répond :

- « *Si cela ne te convient pas, tu es tout à fait libre de quitter cette table…* ».

Les participants à la réunion n'osent plus dire un mot. La regardant toujours dans les yeux – et en prenant tout mon temps - je referme mon dossier de participant, range soigneusement mon stylo, me lève de ma chaise et me dirige tranquillement vers la porte de sortie.

A ce moment, plusieurs dirigeants adhérents du réseau me demandent et même m'adjurent de ne pas quitter la salle et de rester dans le réseau. Je leur demande de confirmer clairement leur volonté, ce qu'ils font tout aussi nettement. Je reviens vers ma chaise, me rassoit et, regardant toujours la dirigeante anglo-saxonne, lui répond simplement : « *Nous sommes donc bien dans un réseau international !* ».

Cela a été suffisant pour que l'on puisse marquer notre territoire et reprendre nos discussions sereinement. La parole est d'argent mais le silence n'est pas toujours en or.

23. Tant qu'on n'est pas mort, on est toujours vivant

Il est assez exceptionnel de gagner un client et de le conserver sur plus de vingt années. Cette longue collaboration n'est certes pas un cas unique, mais il faut bien le dire, le plus souvent, ce sont des raisons extra-professionnelles, soit familiales, soit actionnariales, soit encore d'intérêts croisés qui concourent à cette longévité.

Ici rien de tout cela. C'est la construction d'une confiance réciproque, néanmoins rythmée de mises en compétitions renouvelées qui ont permis cette fructueuse relation.

À l'origine c'est aussi une mise en compétition qui nous a permis de gagner ce concepteur et producteur industriel de systèmes de menuiseries dont le matériau de base -le PVC- va brusquement inonder le marché. L'objectif est d'accéder rapidement aux premières places. Il deviendra notre plus important client avant que l'agence puisse étoffer son portefeuille de marques.

Nous avons accompagné ce client sur la totalité de sa communication : business to business, relations publics, relations médias, création d'un réseau de distribution (du concept à la marque et à l'agencement des points de vente) jusqu'à la communication grand public. Celle-ci incluant des campagnes TV, radio, presse et affichage.

Bien entendu, ce client était tout à fait conscient de l'importance qu'il représentait pour notre agence. Sans en abuser et sans méchanceté, il s'amusait toutefois, de temps à autre, à jouer avec nos nerfs.

Un jour, au cours de la réunion annuelle de présentation du plan pour l'année suivante (qui prend la journée entière), on sert un en-cas froid. Il se trouve que le directeur du réseau de distribution portait le même nom que la marque du pot de cornichons (il ne le voyait pas d'où il était).

Et le président de me regarder l'air narquois, et me questionner :

- « *Thierry, que pensez-vous de la marque de ces cornichons ? Comment la trouvez-vous ?* »

- ... (Moi : silence embarrassé).

- « *Thierry ? Vous ne dites rien ?* »

- ... (Moi : toujours aussi embarrassé, essayant de trouver une parade et ne trouvant absolument rien à répondre).

- « *Thierry ? Vous êtes un communicant non ? Un spécialiste de la marque aussi ?* »

-... (Moi commençant à m'enfoncer dans mon siège, mais en rougissant quelque peu et me mordant également les lèvres pour ne pas rire).

Il lâche l'étreinte avec un sourire :

- « *Bon, vous me direz plus tard, alors ...* ».

Je ne lui en ai pas voulu, mais encore aujourd'hui, je me demande comment j'aurais pu m'en sortir sans froisser le Directeur du réseau.

Une année, nous sommes missionnés pour lancer auprès de professionnels une nouvelle gamme innovante de profilés permettant de réaliser des menuiseries plus fines et donc plus esthétiques que la gamme précédente qui devait néanmoins continuer à être commercialisée. Il convenait donc de lancer cette nouvelle gamme sans décrédibiliser le précédent millésime.

Parmi des propositions certes créatives, mais assez conventionnelles, nous proposons une idée décapante qui déclenche le rire du Directeur marketing et qu'il n'imagine même pas envisageable de sortir. Une idée qu'il juge surtout inéligible par son Président que nous connaissons pourtant bien. Il s'engage cependant à la lui présenter.

L'idée consiste en une imitation des couvertures de journaux à sensation comme « *Détective !* » dont nous ferons la promotion par affichage lors du principal salon professionnel Batimat.

Une campagne centrée sur l'édition « exclusive » d'un faux journal à scandale, consacrée à cette innovation. Avec pour visuel, la photo du comédien emblématique de la marque prenant un air affolé si ce n'est terrifié, nous titrons ce faux journal :

« *Scandale à Thonon-les-Bains ! Un menuisier bi-gamme !* ».

La couverture sera reproduite en affiches 4x3m à proximité et dans toutes les allées principales du salon.

Le Directeur marketing nous rappelle les jours suivants, le Président a adoré l'idée, nous pouvons nous mettre au travail de production. Il arrive, finalement assez fréquemment, que les présidents se montrent plus audacieux que les marketeurs.

Une autre fois, nous avons obtenu une belle parution sous forme d'interview des principaux dirigeants de l'entreprise dans une presse professionnelle dont nous attendions la publication. Le client reçoit le journal avant nous et nous appelle en laissant un message à l'accueil (j'étais déjà en ligne) précisant qu'il est furieux de notre manque de professionnalisme.

Incompréhension de ma part, je me procure le journal et découvre en légende de la photo principale les noms et titres du Président et des trois autres dirigeants de l'entreprise.

Sauf que... Sauf que la photo représentait la coupe d'un profil de menuiserie. Allez expliquer à un client que vous n'y êtes absolument pour rien et que la presse n'est en rien tenue de vous soumettre ses articles avant parution.

Bien entendu, plus d'une vingtaine d'années de collaboration ne peuvent se dérouler sans quelques anicroches et la concurrence, tapie dans l'ombre, attend que l'on trébuche....

C'est ainsi que lors d'une remise en compétition de son budget (la marque commençait à devenir très visible à la suite des campagnes TV et radio que nous avions développées), le client nous annonce sa décision de changer d'agence.

Lorsque tout est perdu, il n'y a plus rien à perdre. Mon énergie se décuple.

Je rappelle mon client et lui dis que je voudrais compléter mon offre avec de nouvelles propositions et qu'au vu de notre déjà longue collaboration, il me laisse l'opportunité de les lui présenter. Après cet échange et ma demande, je dois le reconnaître, quelque peu pressante, je lui propose de prendre un vol le lendemain. Il m'octroie quarante-huit heures.

Deux jours plus tard, je me rends dans son bureau, puis celui du Directeur marketing, celui du Directeur du réseau, enfin celui du Directeur de l'usine. Je développe, j'argumente, je complète, je développe et redéveloppe et redéveloppe encore…

Et je regagne le client.

Comme me l'a confié un jour le chef cuisinier Thierry Marx : « *Il n'y a que la mort qui est irréversible* ».

24. Se méfier quelque peu

Ce grand week-end en Alsace avait été le bienvenu. De retour le lundi, je roulais, tout à fait détendu, sur l'autoroute de l'Est vers Paris quand je fus appelé par une Directrice associée.

Elle devait, me disait-elle, se déplacer sur un salon professionnel organisé à Reims par un des clients dont elle avait la charge et, devant en même temps se rendre impérativement chez un autre client qui était en situation de crise, était dans l'impossibilité de se dédoubler.

Sachant qu'en revenant d'Alsace, je passerai certainement à proximité de Reims, elle me demandait d'y aller à sa place et de la remplacer, simplement pour, me disait-elle encore, m'assurer que tout allait bien. En clair, faire juste acte de présence.

Je me fais un peu prier car mon agenda m'offrait bien d'autre chose à faire mais je finis par accepter et, contre mauvaise fortune bon cœur, je prends dans la demi-heure suivante la bretelle de sortie pour me rendre sur ce salon.

A peine me suis-je présenté à l'accueil que le client me tombe dans les bras pour me remercier chaleureusement d'avoir accepté au débotté d'animer la table-ronde qui démarrait dans les dix minutes suivantes !

Je tombe des nues. Je maudis intérieurement mon associée qui n'avait pas même pris la peine de m'informer (je découvrais ensuite qu'elle était à peu près sûre que j'aurais refusé, ce qui aurait eu de grandes chances d'être le cas).

Je me retrouve face à quatre speakers-experts qui, sans me laisser le temps de respirer, se tournent vers moi pour me demander comment je comptais organiser cette table-ronde… Alors que je n'en connaissais ni le thème, ni l'objet et encore moins les speakers !

Environ cent-cinquante visiteurs, déjà installés dans la salle, commençaient à s'impatienter. Pas de porte de sortie, il fallait bien entrer dans l'arène.

Juste le temps de jeter un œil sur le dépliant pour au moins savoir l'objet de la table-ronde, je nous installe sur scène et commence en feintant quelque peu :

- « *Merci à tous d'être ici, tout d'abord, je vais laisser le soin à chacun de nos invités de se présenter* ».

Après ce tour de table, j'ai simplement enchaîné en demandant :

- « *Qui veut prendre la parole en premier ?* ».

La suite s'est déroulé comme sur des roulettes.

J'en ai appris une chose : un animateur n'est jamais aussi bon que lorsqu'il ne connaît pas le sujet et, par force, s'efface devant les invités pour ne poser qu'occasionnellement une question lorsqu'un speaker ne lui a pas semblé assez clair ou qu'il sent la salle s'assoupir.

De retour au bureau dans l'après-midi, je n'ai pas trouvé l'associée qui avait cru plus sage de terminer un dossier de chez elle.

Même si je l'ai rapidement disculpé du piège dans lequel elle m'avait entraîné, elle avait sans doute eu raison de prendre quelques distances.

Toujours se méfier.

Au moins un peu.

25. Gérer la rumeur

Cela fait suite à un verre pris dans un café parisien proche du pont de l'Alma. J'y rencontre le patron d'un groupe de communication qui avait des vues sur notre agence pour un partenariat et certainement une prise de participation. Chose pour laquelle je ne suis jamais opposé par principe.

Bien que l'indépendance de notre agence me semblât essentielle, il est toujours intéressant de voir les opportunités que l'on peut proposer surtout si cela présente un intérêt pour les clients et le marché en général. C'est ainsi que je suis amené à rencontrer le dirigeant d'une grosse société d'études ayant des velléités d'investissements, par l'intermédiaire d'un ami commun, lui-même chef d'entreprise.

Mais, dans le petit milieu de la communication, les bruits courent vite, très vite. Trois semaines après cet échange, je suis appelé par le Rédacteur en chef de la principale revue professionnelle de notre secteur qui, d'emblée, me dit : « Alors Thierry, il paraît que tu cherches de l'argent ? ».

Je comprends d'emblée qu'il a été mis au courant de cette entrevue et lui rétorque aussitôt dans un parfait flou artistique :

- « Oh moi, tu sais, je cherche toujours de l'argent ».

Il insiste :

- « Non, mais, sérieusement, j'ai entendu dire que tu cherchais à te rapprocher d'une autre agence ».

Je lui ai répondu que ces informations étaient sans aucun fondement, que je n'avais nul besoin de financement et que mon agence n'était pas à vendre. Cela a heureusement suffi à lui faire renoncer à ses investigations, mais je me suis cependant aussitôt inquiété de ce bruit qui devait courir depuis un moment. Ce qui, hélas, s'est révélé être le cas.

J'ai alors mené un rapide complément d'enquête qui m'a permis de remonter à la source et d'identifier l'auteur de la rumeur qui n'était autre que l'« ami commun ».

J'ai opté pour le fait de l'appeler directement et, feignant juste de l'appeler pour le prévenir qu'une fausse rumeur circulait, et lui dire de ne pas y prêter attention.

Cela a suffi pour qu'il comprenne que je savais qu'il en était à l'origine puisque sans que je l'accuse de quoi que ce soit il s'est immédiatement défendu de la chose. J'ai entrepris de le rassurer en lui disant que je savais bien que cela ne pouvait être lui et que je lui faisais confiance. Cela a été suffisant pour passer le message et couper court à la rumeur.

Sans heurt, mais suffisamment clairement.

26. Marcher dans les clous

Nous n'avons jamais, au grand jamais, établi ou produit de faux papiers, faux documents ou fausse facture.

Sauf une fois.

N'y voyez pas une éthique professionnelle exemplaire. Simplement le souci de faire les choses honnêtement et sans doute aussi la peur du gendarme. Néanmoins, j'ai dû me résoudre une fois à faire exception à cette conduite.

Nous gagnons une petite part d'un appel d'offres public pour un port fluvial, émis par ce qui s'appelait le ministère du Plan, dépendant du ministère du Logement. Il s'agit pour nous d'une simple édition d'une plaquette et des actes d'un colloque organisé par ce service de l'État.

Sans aucun doute, le travail le moins rentable et même le travail le plus « *à perte* » que notre agence n'ait jamais réalisé. Conséquence d'un nombre invraisemblable d'aller-retour entre notre agence et les différents services. Nous nous inquiétons néanmoins du règlement de notre facture impayée depuis de nombreux mois.

C'est alors que nous sommes « convoqués » auprès de la donneuse d'ordre qui, sans sourciller, nous demande de modifier notre facture en prestations de journées d'architecte.

Alors que nous protestons et faisons remarquer que nous ne pouvons légalement émettre une facture qui serait un faux et une usurpation de compétence, la fonctionnaire nous répond tout simplement et sans sourciller :

- « *C'est l'unique solution. Dans le cas où vous refuseriez, vous ne seriez jamais payés de votre travail* ».

J'ai donc l'avantage de n'avoir émis qu'une seule fausse facture dans ma vie professionnelle. Et c'est à la demande de l'État français.

Rester vigilant sur les appels d'offres publics.

27. Se remettre de ses échecs

Il faut bien l'admettre, le jeu des compétitions fait que même si l'agence remporte de nombreux succès, inéluctablement, elle subit aussi de nombreux échecs.

C'est toujours douloureux. L'implication est beaucoup plus que professionnelle et même très personnelle, ce que les annonceurs ont souvent beaucoup de mal à imaginer. On ne gagne pas un client sans mettre son cœur (ou ses tripes, c'est selon) sur la table.

Le plus difficile est lorsque l'on a gagné un gros client après un travail très conséquent, et que celui-ci nous appelle le lendemain même pour nous dire que finalement son Président imposait son agence… qui était hors compétition.

Comme il faut bien s'en remettre, je ne connais qu'une seule manière : essayer de comprendre et apprendre pour ne pas reproduire les mêmes erreurs. Ce que Nelson Mandela a résumé en une très jolie formule : « *Je ne perds jamais. Soit je gagne, soit j'apprends* ».

Mais il y a bien d'autres sortes d'échecs qui restent gravés comme une marque sur la joue après une gifle.

Lors d'une grande soirée organisée par l'agence

pour un important client, il m'appartient de remettre un prix à un Américain débarqué l'après-midi même de New York devant un parterre d'environ trois cent cinquante invités parmi lesquels de nombreux chefs d'entreprise et journalistes.

Il était bien évidemment ravi, mais quelque peu épuisé de son voyage, décidé à la dernière minute, et du décalage horaire. Son anglais-américain était difficile à comprendre. Las, mon anglais souffrait encore de graves lacunes. Cela m'empêchait assurément de capter tout ce que me disait mon lauréat et aussi de me faire correctement comprendre.

Cela a eu le mérite de faire rire la salle aux éclats mais à mes dépends, à plusieurs reprises. J'étais, vous vous en doutez, en très mauvaise posture. Heureusement qu'un membre éminent du jury, pris de pitié, est venu à mon secours.

Lors du cocktail qui a suivi, j'ai dû également endurer nombre d'encouragements compatissants à perfectionner mon anglais. Pour tout dire, j'en garde encore la joue rouge.

Mais cela m'a, au moins, conduit à reprendre le chemin des cours de langue et même à devenir très actif dans le réseau international que j'ai cofondé par la suite.

C'est Henry Ford qui disait que l'échec est seulement l'opportunité de recommencer de façon plus intelligente.

28. Se mettre des limites

Lorsque l'on passe sa vie à chercher des idées pour aider les autres entreprises à se singulariser, il arrive nécessairement que l'on en cherche pour sa propre entreprise ou que l'on n'en trouve par simple esprit de déduction. Bien évidemment, toutes les idées ne sont pas bonnes et certaines conduisent même à une impasse.

Nous nous étions rendu compte que certains de nos clients rencontraient quelques difficultés à nous confier leurs secrets qu'ils considéraient peu valorisants, voire potentiellement dangereux s'ils venaient à devenir publics. Ils devaient penser qu'une agence de communication, par essence, transmettaient tous les messages en sa possession. Cela était heureusement non pas des choses répréhensibles mais des éléments qui pouvaient révéler des secrets de fabrication ou nuire à leur réputation.

C'est précisément tout le contraire qu'il faut faire car comment protéger ce dont on ignore l'existence ? Mais pour un chef d'entreprise peu habitué à la communication et à la gestion de la réputation, confier un secret à une agence de communication est loin d'aller de soi. Comme si le travail d'une agence était exclusivement de servir de haut-parleur.

C'est à partir de ce constat, et aussi parce que l'on entendait chaque jour davantage parler de protection numérique, de boucliers digitaux et autres forteresses pour barrer le chemin aux cyber-attaques et éconduire les « *ransomware* », que nous nous sommes intéressés à la gestion du secret en entreprise.

Avec force études qualitatives et quantitatives, nous nous sommes rendu compte que les entreprises multipliaient les investissements pour se protéger. Mais ils se préoccupaient plus que vaguement de ce qu'il fallait protéger et aucun dispositif ne venait gérer le secret. A l'exception du secteur de l'armement et un peu de celui de la santé, c'était le désert. En gros, en entreprise, on se préoccupait de comment se protéger mais sans savoir au juste quoi défendre en priorité.

Cela allait des secrets de fabrication aux fournisseurs stratégiques, des contrats commerciaux aux fichiers clients, des contrats de travail aux grilles des salaires, etc.

Mais qui, dans l'entreprise, décide de ce qui est secret et de ce qui ne l'est pas ?

Qui peut ou ne peut pas être dans le secret ? Qui a le droit d'en connaître (expression consacrée du domaine) ? Pour combien de temps le secret doit il être conservé et par qui ? Qui le décide ? Qui décide de quand le secret doit être levé ?

Pour aider les entreprises à y répondre, nous avons ainsi bâti des matrices de risques croisant l'importance stratégique des secrets avec l'importance et la probabilité des risques encourus. Nous avons élaboré une méthode d'implémentation et de gestion des informations sensibles.

Nous avons fièrement baptisé notre méthode « *MISS* » pour Management des Informations Sensibles et Secrètes. Et nous avons constitué une petite équipe de consultants.

Heureusement pour partie en free-lance, car ce fut un échec cuisant.

Malgré le bon accueil de nos travaux (nous avions présenté les résultats des études menées en amont et la méthode lors de réunions professionnelles), nous n'avons jamais réussi à signer le moindre contrat, même seulement la phase de diagnostic.

Bien évidemment cela nous a interrogé. Comment se faisait-il que nous ne réussissions pas à obtenir ne serait-ce que de petites missions ? Au moins pour amortir les frais engagés ?

La réponse était pourtant évidente. Il est complètement contre-intuitif de confier à une agence de communication le conseil en gestion de secret.

Même si cela devrait être naturel. N'avais-je pas comme argument que la communication, comme la musique, pour fonctionner doit être faite de notes et de silences.

Mais rien n'y a fait. Il faut savoir rester dans son couloir et se mettre des limites.

« Take away »

XX. Choisir ses clients.
On peut tout simplement refuser un client
ou émettre des réserves qui seront souvent
acceptées.

XXI. Prendre parfois ses distances.
Surtout lorsque l'on est face
à des environnements compliqués.

XXII. Marquer son territoire.
Fixer les limites que l'on refuse de voir
les autres franchir.

XXIII. Il n'y a que la mort qui est irréversible.
Ne jamais s'avouer vaincu.
Tant qu'on n'est pas mort, on est toujours vivant.

XXIV. Toujours se méfier un peu.
Selon Voltaire : « Protégez-moi de mes amis,
mes ennemis, je m'en occupe ».

XXV. Gérer vite les rumeurs.
Rien ne court plus vite qu'elle.
Il faut la traiter à la racine.

XXVI. Vigilance sur les appels d'offres publics.
C'est souvent une source de perte d'énergie
quand ce n'est pas tout simplement une perte
de temps, voire des pertes sèches.

XXVII. Se remettre de ses échecs.
Marché compétitif oblige, l'échec est plus fréquent que les succès, mais c'est l'opportunité de recommencer de façon plus intelligente.

XXVIII. Rester dans son couloir.
Il faut savoir se mettre des limites.

- AUGMENTER -

29. Saisir la chance

On ne sait jamais à quel moment se présentera l'opportunité de gagner un nouveau client. Il convient dès lors, comme un chasseur aux aguets, de garder toujours un œil ouvert. Si j'ai laissé passer quelques opportunités avec un regret certain, il arrive cependant que les vents soient favorables.

Une fois, c'est en prenant un télésiège à une station de ski que j'échange quelques paroles avec mon voisin de remonte pente. Comme moi, il est seul à la montagne pour quelques jours. Tout naturellement, nous enchaînons par un verre le soir même. Il s'avère qu'il est le Directeur Marketing d'un grand producteur de papier et va lancer une toute nouvelle marque. Inutile de préciser que je lui propose un second verre. Cela avant de nous retrouver à la capitale et de lui présenter plus avant mon agence.

Au ski, il y a de bonnes chutes, non ?

De temps à autre, la chance se présente sous une forme tout aussi inattendue.

Je fais appel aux services d'une morpho-graphologue très compétente pour m'assister dans mes recrutements. Je démarre la collaboration en lui demandant d'analyser ma propre photo et la lettre qu'elle me demande de lui faire parvenir. Le but est d'évaluer le degré de confiance que je peux avoir sur ses prestations.

Je dois dire, à ma grande surprise, que jamais personne ne m'a connu et ne me connaît aussi justement et profondément que cette morphographologue. Y compris moi-même.

Sur la base d'une simple lettre et d'une photo, elle cerne de nombreuses facettes de ma propre personne. Elle identifie avec précision aussi bien ce que je crois être moi-même profondément, ce qui n'est en fait que des attitudes, que ce qui me semble uniquement des postures et qui en fait me structure fortement. Je me suis adjoint sa collaboration avec succès sur plusieurs années.

Quelques temps après le début de cette collaboration, alors que je dîne chez un couple d'amis où étaient également présents d'autres convives, l'un d'eux se présente comme graphologue. Je livre alors cette histoire assez personnelle en expliquant toute l'aide précieuse que m'apportait le concours de cette morphographologue.

Je suis appelé dès le lendemain par cet invité à la soirée qui me confie alors (il n'en avait rien dit lors de la soirée) être le Vice-Président en charge de la communication du plus référent groupement de graphologues.

Il avait besoin d'une agence réellement convaincue de l'utilité de sa discipline… Ce que je n'avais bien-sûr plus besoin de démontrer.

Garder toujours un œil ouvert.

Surtout quand la chance se présente.

30. Aller loin sans aller trop loin

La plupart des marques disposent aujourd'hui de ce que l'on appelle une signature ou « *Baseline* », c'est-à-dire la petite ligne que l'on trouve sous le logo et qui vient le plus souvent décliner le positionnement ou la mission que se donne la marque auprès de son public.

Je me suis vite aperçu que beaucoup de marques, certes sur des marchés différents, utilisent souvent la même signature comme, par exemple : « *Une longueur d'avance* », utilisée par plus d'une dizaine d'entreprises. Je me suis dit qu'il faudrait un ouvrage pour ne pas faire risquer ce genre de mésaventure à mes clients. Renseignements pris : il n'y en a pas. Qu'à cela ne tienne, je vais l'écrire.

Gros travail de documentation ! Aidé par des associations et prestataires professionnels, je me lance dans l'aventure qui donnera naissance à mon premier livre *« Quinze ans de signatures publicitaires* [6] ». Une idée assurera son succès : classer les signatures par thème. A titre d'exemple : les signatures qui expriment la

---

[6] Quinze ans de signatures publicitaires (Dunod - 1991)

qualité, le vrai, la puissance, la proximité, la solidité, la beauté, la différence, la nouveauté ou encore le succès.

En agence, les concepteurs-rédacteurs le réclamaient dans leur documentation à la fois pour éviter des redites, mais aussi pour inspirer des thématiques de campagne. Ce travail sera repris ensuite par l'excellent site « sous le logo » devenu désormais Anterity.

À l'agence, nous avions eu le privilège de travailler pour de nombreuses marques qui nous ont conduits à imaginer des signatures qui ont fonctionné durant parfois plusieurs années ; « *Avant y'avait qu'à… Maintenant y'a Veka* » pour les fenêtres Veka, « *Par principe, actif* » pour le répartiteur de pharmacie OCP ou encore « *La qualité sous tous les angles* » pour la certification de qualité Qualibat dont le logo était une pyramide.

Plusieurs idées agrémentent le livre, en voici un extrait.

D'une part, le décryptage des styles en sept familles qui donnaient des idées de formulation :

- Les contrastées : « *Plus près pour aller plus loin* » pour les Transports Graveleau, ou « *Le plus grand des petits plats* » pour les croûtons Flodor

- Les alogiques : « *L'avenir c'est aujourd'hui* » pour la BNP ou « *Partout où le présent a de l'avenir* » pour Cegelec ou encore « *Aller loin sans aller loin* » pour l'Irlande

- Les nouveaux langages : « *Le net plus ultra* » pour Elis, « *Gagner c'est spormidable* » pour le Loto sportif, « *Avec Carrefour, je positive* » (qui a d'ailleurs fait l'objet d'un détournement) et pour Orangina « *çà me pulpe !* »

- Les allitératives : « *Chez Phox, pas d'intox* », « *Quand c'est bon, c'est Bonduelle* », « *Décidément Meto m'étonne* », « *Il n'y a que Maille qui m'aille* » (Cette dernière ayant été certainement la première signature de marque, car elle est issue d'un mot d'esprit … de Louis XIV !)

- Les récupératrices : « *Tant qu'il y aura des omnivores* » pour FreeTime, « *Les hommes préfèrent les Gil* », « *Aide-toi, Contrex t'aidera* », « *Cet obscur objet de plaisir* » pour le Whisky Colère Noire.

- Les ambivalentes : « *Une marque de personnalité* » pour Yema ou « *Dans la Vie je sais où je vais* » pour le magazine du même nom.

- Et enfin les comparatives : « *Visiblement c'est mieux* » pour Lissac, ou la célèbre signature : « *Il faudrait être fou pour dépenser plus* » pour Eram

D'autre part, les hits : les signatures les plus courtes, les plus longues, les plus changeantes, les plus semblables, les légendaires...

Et surtout des signatures les plus amusantes :

« *Pour ne plus bricoler* »
Bricorama (Magasins de bricolage)

« *Nos lecteurs sont des fidèles* »
La Vie (Magazine)

« *Un festival du tonnerre* »
Ville de Brest

« *La compagnie qui mérite son étoile* »
El Al (Compagnie aérienne israélienne)

« *Toujours plus proche de vous* »
Page (Papier toilette)

Pour rester dans l'esprit de ces signatures, on voit que dans l'humour, on peut se permettre d' « aller loin sans aller trop loin ».

31. Mettre à profit les contingences

Pour de multiples raisons je me suis attaché à appréhender en profondeur le sujet des valeurs en entreprise. Avec une intuition de départ : rapprocher le concept d'identité de marque corporate de celui de l'éthique professionnelle.

Cela m'a conduit à piloter de nombreuses études tant en France qu'à l'international dans une quinzaine de pays.

Cela s'est traduit par l'Index International des valeurs corporate publié sur plusieurs années et l'édition de deux livres[7] reconnus comme des références sur le sujet. Cela a conduit également à différentes études qualitatives et quantitatives notamment sur les valeurs et la politique à l'occasion des élections présidentielles.

Ces études ont permis d'identifier environ une centaine de valeurs pilotes et de les regrouper, avec l'aide d'un comité expert composé de philosophe, déontologue, expert RH, expert marketing et experts en communication, en huit

---

[7] *Les valeurs (Ed. Eyrolles - 2009) et l'Entreprise en 80 valeurs (Ed. Liaisons - 2011) préfacé par André Comte-Sponville.*

familles de valeurs (des plus au moins fréquemment retenues) :

- Valeurs de compétence
  (*efficacité, excellence, sécurité…*),

- Valeurs de conquête
  (*ambition, innovation, performance…*),

- Valeurs de conduite
  (*adaptabilité, ouverture, responsabilité…*),

- Valeurs sociétales
  (*environnement, partage, santé…*),

- Valeurs relationnelles
  (*confiance, proximité, respect…*),

- Valeurs morales
  (*intégrité, éthique, loyauté…*),

- Valeurs d'épanouissement
  (*humanisme, talent, plaisir…*),

- Et enfin Valeurs sociales
  (*équité, égalité, pluralisme…*).

Cet important travail nous a amené non seulement à mieux comprendre les valeurs et leurs relations avec la culture d'entreprise mais aussi à appréhender différemment les cultures business selon les différents pays.

On m'a fréquemment fait la remarque que les entreprises donnaient l'impression d'avoir toutes les mêmes valeurs. C'est loin d'être vrai. Mais quoi qu'il en soit, la différence tient essentiellement dans la définition que les entreprises ont de ces valeurs et dans les principes d'action qu'elles mettent en œuvre.

Il faut reconnaître aussi que le sujet est assez conceptuel. Le présenter et le développer demande une démarche des plus structurées. Surtout si l'on doit le présenter en public.

La première fois que l'on m'a demandé de présenter la démarche, c'était pour le compte d'une association professionnelle réunissant dans un restaurant une cinquantaine de communicants dont plusieurs étaient d'ailleurs susceptibles de devenir clients de mon agence.

La présentation doit se faire debout, à la suite du dîner, et sans support visuel. A un moment où, vous vous en doutez, les convives avaient davantage envie, quelques verres de vin aidant, d'échanger entre eux, de se détendre, si ce n'est de s'amuser pour de bon.

Mais je ne peux me défausser et il me faut trouver une idée dès le démarrage pour ne pas passer pour l'ennuyeux de service. Un fâcheux qu'il faudrait de surcroît éviter de croiser par la suite.

L'idée m'est venue en regardant la porte d'entrée du restaurant.

- « *Merci de m'accueillir. Je voudrais, si vous me le permettez, commencer par une anecdote* » *(*là déjà vous captez l'attention*).*

- « *Quand je viens dîner le soir dans un restaurant comme celui-ci et que je suis bien accompagné, j'ai toujours un souci. Dois-je comme la politesse le recommande laisser la jeune femme passer devant moi ou comme les usages l'exigent passer le premier pour éviter à la jeune femme de recevoir les regards de la salle ? Question d'éducation ? Oui. Mais surtout de valeurs. Ce ne sont pas que des concepts, mais des questions à la fois d'identité et d'éthique* ».

A ce moment je tenais mon auditoire. Intérieurement, j'ai soufflé. Il faut toujours tenter de transformer les contingences pour les mettre à son profit.

Si j'ai réussi à capter mon assistance, c'est que j'ai compris qu'il faut avant tout, comme toujours dans ce métier, se mettre à la place de son public.

32. Donner du sens

La question du sens est au centre des préoccupations de beaucoup d'entre nous. Pourquoi sommes-nous là ? D'où venons-nous ? Où allons-nous ? Autant de questionnements à l'infini auxquels les entreprises n'échappent pas davantage que les individus.

Quelques ouvrages spécialisés ou professionnels abordent cette question et tentent d'y apporter réponses et méthodes, mais peu d'ouvrages professionnels traitent la question en profondeur.

De notre côté, en nous inspirant notamment des recherches faites dans les domaines de la philosophie, de la psychologie et des neurosciences[8], nous entreprenons une réflexion via des études documentaires et en lançant ce que nous avions appelé « l'Observatoire du sens », fruit d'études qualitatives et quantitatives.

---

[8] *Nous nous référions notamment aux travaux de Victor E. Frankl, psychiatre reconnu, inventeur de la troisième vois en psychothérapie et de la Logothérapie et de Sébastien Bohler, docteur en neurosciences et rédacteur en chef de Cerveau & Psycho, qu'il a formalisés dans un excellent ouvrage « Où est le sens » (Pocket).*

Cela nous a conduit à la formalisation d'une démarche d'élaboration du sens en plusieurs étapes pour les entreprises et leurs marques.

Nous modélisons ainsi la construction du sens via une dizaine d'items regroupés en trois grands déterminants que sont :

la ***signification***, ou le sens premier, l'ancrage, l'identité ; la mission,

l'***inspiration***, *c'est-à-dire* le sens issu de la vision, du contrat sociétal, de la raison d'être et de la raison d'agir,

et la ***relation***, le sens partagé, la proximité, la transmission. Ce déterminant, tout aussi essentiel que les autres, étant laissé, à tort, le plus souvent en dehors du questionnement sur le sens

Cela nous a conduit à analyser une quarantaine de grandes marques et a également permis de structurer une pluralité de typologies de consommateurs selon leur appréciation du sens :

- Les « *engagés* » qui attendent que les marques changent le monde ou, du moins, y contribuent,

- Les « *enracinés* » qui sont plus sensibles à la préservation des traditions,

- Les « *sceptiques* » qui attendent des marques avant tout de l'efficacité,

- Et enfin les « *libéraux* » qui privilégient l'utilité économique.

Tout cela a bien sûr donné lieu à la publication de différents documents montrant la proximité de telle ou telle marque avec tel ou tel typologie de consommateurs. Ils furent diffusés amplement et lors de conférences dont notamment celles organisées dans l'enceinte de la Maison de la Radio et de la Musique. Cela a été aussi l'occasion de débattre avec des intervenants de haut niveau, philosophes et responsables d'entreprise, animés par des journalistes de talent comme Olivier de Lagarde ou Dominique Seux. J'en conserve un souvenir très enrichissant.

La recherche de sens sera de plus en plus primordiale tant pour assurer un minimum de pérennité aux modèles économiques des entreprises que pour attirer de nouveaux talents.

« Take away »

XIX. Garder toujours un œil ouvert.
On ne sait jamais à quel moment se présentera
l'opportunité de gagner un nouveau client.

XXX. Soigner les signatures de marque.
Les « base-lines » constituent l'élément pérenne
et fédérateur de la communication.

XXXI. Se mettre à la place de ses interlocuteurs.
Surtout lorsque l'on doit prendre la parole
en public.

XXXII. Donner du sens.
C'est bien ce que peut aussi promettre
la communication.

Tout change, rien ne change

Il m'arrive occasionnellement de présenter des masters class dans des écoles de commerce ou de communication. J'y suis régulièrement interpellé sur deux sujets : les qualités qu'il faudrait avoir pour être entrepreneur et ce que je perçois des évolutions de la communication.

Pour ce qui est des qualités d'entrepreneur, comme je l'ai indiqué au début de ce livre : le sens de la survie et une certaine paranoïa. J'y ajouterai une bonne dose d'énergie, d'humour et sans doute un peu d'amour. Si vous aimez sincèrement les gens, dites-vous bien qu'ils le sentent. Collaborateurs, clients fournisseurs ou partenaires, c'est bien le meilleur moyen d'emmener les autres avec soi, de leur transmettre et de recevoir à la fois leur énergie et leur estime. Les attentes des clients comme celles des collaborateurs vont toujours davantage vers plus d'humain dans les relations. Par humain, j'entends notamment plus d'écoute, plus de considération et une plus grande qualité relationnelle. Ne passe t'on pas l'essentiel de son temps au travail ?

Quelles évolutions dans la communication ? Ils ont été considérables ! Tout - ou presque - a été bouleversé. Aussi bien dans le fond comme dans la forme. Dans la chaîne de création, de production et de diffusion, de médiaplanning, dans l'édition, des métiers complets ont totalement disparu, de nouveaux sont apparus que l'on n'aurait même pas pu imaginer quelques années auparavant. Avec les progrès de la technologie, l'arrivée et la montée en puissance du digital, des plateformes et des réseaux sociaux, les dispositifs de communication ont dû être intégralement requestionnés et, bien évidemment, les stratégies aussi.

Les médias eux-mêmes ont eux aussi connu des bouleversements incroyables ainsi qu'une violente remise en question de leur modèle économique. Le marketing et le commercial ont été le fait de nombreux chambardements, à commencer par la distribution.

Les tendances de la société, ses vagues de fond, telles l'écologie et les mouvements féministes, comme ses rides de surfaces ont indubitablement évolué elles aussi. Et à un rythme jamais vu auparavant.

Dans la communication, tout, oui tout a dû donc être revu et en permanence repensé. Je me souviens avoir rencontré un expert très reconnu et auteur prolifique du marketing qui conseillait lui-même - et publiquement - de mettre ses ouvrages à la poubelle.

Ces changements connaissent, encore aujourd'hui, une accélération sans précédent. Tant dans l'apparition de nouvelles technologies comme celles qu'apportent les IA génératives, que la croissance inépuisable des bulles d'information et autres fake news. Sans parler de la montée soutenue des populismes qui ne saurait être sans influence sur les tendances sociétales et les attitudes des différents publics. Ces évolutions ne vont pas sans poser quelques questions sur le devenir et les expertises nécessaires du (ou des) métier(s) de la communication et de l'influence.

Car de la société industrielle que nous quittons à la société informationnelle où nous sommes déjà, il y a un changement de paradigme qui transforme le rôle et la fonction communication dans l'entreprise. Il est illusoire d'œuvrer en communication sans intégrer tous ces bouleversements.

Tout change, oui tout change. Tout. Ou presque.

La transformation numérique, la data, l'intelligence artificielle, l'automatisation...

La communication se numérise chaque jour davantage avec un recours accru aux outils et aux plateformes sociales, aux expertises SEO et SEA et le Marketing de contenu.

Dans la communication, l'utilisation des données et de l'IA joue un rôle croissant de l'amont à l'aval :

En amont :

- Pour l'analyse prédictive : pour analyser les sentiments des publics, les tendances émergentes et les comportements des consommateurs sur les réseaux sociaux et autres plateformes.

- Pour la synthèse d'actualité d'environnement de marché, d'environnement sociétal ou politique, pour la réalisation de comptes-rendus de réunions ou de conférences et leur résumé synthétique.

- Utilisation de données pour segmenter les publics et personnaliser les messages en fonction des intérêts et des comportements spécifiques.
- Le Data-driven marketing : Utilisation des données pour personnaliser les communications et améliorer l'expérience utilisateur.
- Le Customer journey mapping : Cartographie du parcours client pour mieux comprendre et répondre à ses besoins.

Dans la création de contenu :

- La création de contenus textes et visuels avec les IA génératives (Chat GPT, Claude, Midjourney, etc.).

- Messages sur mesure : Adaptation des messages pour répondre aux préoccupations spécifiques de chaque segment de public.

Dans la diffusion des contenus et la gestion de la relation avec le public :

- Automatisation des campagnes pour une gestion plus efficace et personnalisée.
- Les Chatbots : Utilisation de bots pour interagir avec les clients en temps réel.

Pour aller plus loin : *PwC : Rapport sur l'impact de l'intelligence artificielle sur les entreprises. - Gartner : Études sur l'adoption de l'IA et des technologies d'automatisation. Salesforce : Étude sur les attentes des clients en matière de personnalisation. - McKinsey : Rapports sur l'impact de la personnalisation sur l'engagement des clients. Les médias spécialisés dédiés au Marketing. Les médias spécialisés dans le marketing et la communication : Stratégies, CB News et Influencia et ADN. Le blog de Benoît Raphaël : Génération IA.*

Les contenus : développement du storytelling, toujours plus de vidéos et contenu visuel et convergence des formats

- Utilisation de récits authentiques et engageants pour captiver l'audience et transmettre les messages de manière mémorable. Utilisation d'histoires pour illustrer les valeurs de l'entreprise et créer une connexion émotionnelle avec les publics (Forbes rapporte que les entreprises qui utilisent efficacement le storytelling voient une nette augmentation de l'engagement client).

- La vidéo et le contenu visuel dominent les stratégies de contenu et l'on assiste à la convergence des formats qui vont de ceux utilisés sur les réseaux sociaux aux différents médias audiovisuels et inversement.

- Le Live streaming : Utilisation de la diffusion en direct pour des événements, des lancements de produits, etc.

- Le Contenu éphémère : Utilisation de formats comme les Stories sur Instagram et Snapchat.

Pour aller plus loin : *Relations publiques et valeurs - Sprout Social : Étude sur l'importance de la transparence. - Label Insight : Rapport sur la transparence et la fidélité des consommateurs. - Forbes : Articles sur l'importance du storytelling. Cisco : Prévisions sur le trafic internet et l'importance du contenu vidéo. - HubSpot : Tendances en marketing vidéo et leur impact sur l'engagement des publics. Les médias spécialisés Stratégies, CB News et Influencia et ADN.*

La RSE et la communication sociétale

L'intégration de la RSE dans les stratégies de communication est incontournable, même si elle pose des questions sur la différenciation des messages et le risque de greenwashing.

- Engagement sociétal et environnemental, initiatives en matière de durabilité et de responsabilité sociale (selon une étude de Cone Communications, 87% des consommateurs achèteront un produit parce qu'une entreprise a défendu une question à laquelle ils tiennent).

- Implication communautaire et locale : Promouvoir les actions locales et l'engagement communautaire montre l'engagement réel des entreprises envers leur environnement social et économique. Leur ancrage local est un atout qu'il convient de valoriser.

- Transparence et authenticité : Les consommateurs exigent des entreprises une communication transparente et authentique (un article de Harvard Business Review confirme d'ailleurs que les entreprises dites « éthiques » auraient tendance à attirer plus de clients et à renforcer leur réputation à long terme).

- Communication responsable et durable du propre impact de la communication. Comme le précise très justement Thierry Libaert dans le Guide de la communication responsable de l'ADEME : « *la communication responsable n'est pas la communication sur la responsabilité de l'entreprise, il s'agit plus fondamentalement d'un questionnement constant sur la responsabilité même de la communication face aux enjeux de la transition écologique ».*

L'inclusivité et la diversité sont des priorités croissantes dans la communication :

- Le Langage inclusif : Utiliser un langage qui ne discrimine pas et qui respecte toutes les identités et orientations.

– La Représentation diversifiée : Représenter la diversité des publics dans les campagnes de communication (un rapport de Accenture montre que 41% des consommateurs se sont éloignés d'une marque en raison de son manque de diversité et d'inclusivité).

Pour aller plus loin : *Edelman Trust Barometer : Étude annuelle sur la confiance des consommateurs dans les entreprises. - Global Reporting Initiative (GRI) : Normes et rapports sur la durabilité des entreprises. Ademe : Communication-responsable.ademe.fr/. Institut Terram et la Fondation Jean Jaurès : L'imaginaire terrirorial des marques. Accenture : Rapports sur l'importance de la diversité et de l'inclusion dans la communication. - McKinsey : Études sur l'impact de la diversité sur la performance des entreprises. Les médias spécialisés Stratégies, CB News et Influencia et ADN.*

Les relations publics et l'événementiel

L'intégration de la RSE dans les stratégies de relations publics est notamment cruciale pour mettre en avant les initiatives de durabilité, les efforts environnementaux de l'entreprise et les actions sociales et communautaires, notamment locales, des entreprises.

Mais la multiplicité des canaux et la possibilité infinie des interactions a privé les entreprises de leur pouvoir de maîtrise de leur communication.

Les influenceurs jouent un rôle toujours plus croissant dans les stratégies en privilégiant les collaborations avec des influenceurs ayant une audience peut-être moins large mais très engagée via des partenariats pour gagner la confiance des publics en ligne.

La transformation numérique a également un impact majeur sur les pratiques : utilisation des plateformes en ligne pour diffuser des communiqués, des nouvelles et des mises à jour directement aux publics.

A cela, ajoutons le monitoring en ligne pour le suivi des mentions de la marque sur les réseaux sociaux et les forums pour gérer la réputation en temps réel.

Cela inclue l'anticipation des crises potentielles par des systèmes de veille qui deviennent de plus en plus sophistiqués l'utilisation d'outils numériques et des réseaux sociaux pour la gestion de crise : pour l'anticipation, la détection et une réponse rapide et coordonnée en cas de crise.

Ajoutons également les événements virtuels via des plateformes virtuelles et qui se déroulent entièrement en ligne les événements et hybrides, combinant face à face et virtuel, qui deviennent la norme.

Pour aller plus loin : *Influencer Marketing Hub : Statistiques et études sur le marketing d'influence. -Nielsen : Rapports sur l'efficacité des micro-influenceurs. Eventbrite : Tendances dans l'organisation d'événements en ligne. - Forrester : Études sur l'impact des événements virtuels sur l'engagement. Les médias spécialisés Stratégies, CB News et Influencia et ADN.*

Les évolutions législatives et éthiques

Les changements dans la législation affectent bien-sûr la manière dont les entreprises communiquent :
- Réglementation sur les données : Respect des lois sur la protection des données personnelles, comme le RGPD en Europe.
- Déontologie : Croissance de l'éthique dans les pratiques communication.
- Loi sur les influenceurs : du 9 juin 2023 visant à encadrer l'activité des influenceurs sur les réseaux sociaux.), Le Syndicat du Conseil en Relations Publics (SCRP) s'alerte néanmoins du "flou des conditions d'application effectives" des nouveaux critères de contrôle du pluralisme par l'Arcom. Il questionne les "implications de ces modalités pour les professionnels des Relations Publics dans leur collaboration avec les médias".

Pour aller plus loin : *Commission nationale de l'informatique et des libertés (CNIL) : Informations sur le RGPD et la protection des données. - International Association of Privacy Professionals (IAPP) : Ressources sur la législation de la protection des données.*

Tout change, oui tout change. Tout. Ou presque. Car s'il y a tout de même, un fondement qui ne change pas :

La communication en elle-même.

C'est-à-dire son mode de fonctionnement. La communication c'est de de l'influence qui fonctionne sur la mise en commun et le partage. Cela suppose de savoir créer de l'attention, de savoir séduire, se savoir inspirer la confiance et enfin de savoir agir sur les comportements. Qu'il s'agisse démarches de conviction rationnelle ou émotionnelle, d'identification ou de projection ou d'humour, ses ressorts psychologiques ont traversé les siècles bien avant que cela devienne un secteur d'activité et qu'on le nomme communication. Indépendamment de l'adaptation aux multiples changements qu'elle traverse, cela demande à la fois un esprit suffisamment analytique et un esprit créatif.

C'est une question de survie pour les communicants et les entrepreneurs.

Pour finir

Les agences et les communicants se doivent ainsi d'innover constamment pour leurs clients et pour eux-mêmes. Ce qui, s'ajoutant à l'adaptation permanente qu'elles doivent avoir sur les multiples secteurs d'activité, crée un environnement parfois peu stable.

Un peu à cause de cela mais pas seulement, certaines expériences vécues étonnantes ou distrayantes comme celles restituées dans ce livre, apportent à la fois du sel et de la détente à un quotidien qui peut parfois se révéler éprouvant. Surtout pour ceux qui ont choisi ce métier pour l'aventure et la multiplicité des expériences qu'il offre.

J'espère que mes anciens confrères y auront trouvé de quoi raviver leurs propres souvenirs et que les Directions d'entreprises y saisissent avec bienveillance la vie, derrière le rideau, de leurs agences...

Je souhaite enfin que les aspirants à rejoindre ce métier et à y entreprendre auront découvert quelques uns de ses rouages pour assurer, si ce n'est leur survie, quelques moyens d'y réussir et d'y prendre du plaisir.

Remerciements :

Je tiens à remercier ici tous les amis tant personnels que professionnels de la communication ou du marketing et les journalistes (ils se reconnaîtront), qui m'ont éclairé de leur relecture et de leurs avis.

Tout particulièrement Anne, Camille, Cécile, Eve, Fanny, Gilles, Isabelle, Marie, Nathalie, Nicolas Olivier, Paul, Stéphanie, Tania qui ont accepté de me relire et m'apporter très utilement leurs conseils et sans lesquels ce livre ne serait pas.

Du même auteur :

Aux Éditions Dunod – 1991
Quinze ans de signatures publicitaires

Aux Éditions Eyrolles - 2009 et 2011
Les Valeurs

Aux Éditions Liaisons – 2011
L'entreprise en 80 valeurs

Aux Éditions Les Belles Lettres – 2016
Le Procès de la communication

Aux Éditions Flammarion – 2023
**Ces petites phrases
qui ont influencé leur vie**